L'Évaluation en comité

Textes et rapports de souscription au Comité des travaux historiques et scientifiques 1903-1917

DURKHEIM PRESS
Editors W. S. F. Pickering and W. Watts Miller

Émile Durkheim

L'Évaluation en comité

Textes et rapports de souscription au Comité
des travaux historiques et scientifiques 1903-1917

Édités et présentés par
Stéphane Baciocchi et Jennifer Mergy

DURKHEIM PRESS / BERGHAHN BOOKS

OXFORD   NEW YORK

© **2003 Durkheim Press**
First published in 2003 by Durkheim Press and Berghahn Books
www.BerghahnBooks.com

All rights reserved.
No part of this publication may be reproduced in any form or by any means without the written permission of Durkheim Press and Berghahn Books

British Library Cataloguing in Publication Data
A CIP record for this book is available from the British Library

Library of Congress Cataloging-in-Publication Data
Durkheim, Émile, 1858-1917
L'évaluation en comité : textes et rapports de souscription au Comité des travaux historiques et scientifiques, 1903-1917 / Émile Durkheim ; édités et présentés par Stéphane Baciocchi et Jennifer Mergy.

p.cm.
Includes bibliographical references (p.) and index.
1. Social sciences—Research—France—History. 2. Sociology—Research—France—History. 3. France—Economic conditions. 4. France—Social conditions. 5. France. Comité des travaux historiques et scientifiques. Section des sciences économiques et sociales—History. I. Baciocchi, Stéphane. II. Mergy, Jennifer. III. Title.
H62.5.F7D87 2003
300'.944'09041–dc21
    2003043651

Printed and bound by The Cromwell Press
www.cromwellpress.co.uk

ISBN 1-57181-632-1

SOMMAIRE

DURKHEIM AU CTHS
Stéphane Baciocchi et Jennifer Mergy   1

    L'institution de la Section des sciences économiques et sociales   1
    Une séance de travail ordinaire   5
    Mobiliser les sociétés savantes : congrès et enquêtes collectives   7
    Une activité routinière : la production des rapports de souscription   11
    Les rapporteurs : conventions et élaboration des critères en comité   14
    Durkheim rapporteur : textes, considérants et conclusions   17

RAPPORTS DE SOUSCRIPTION ET AUTRES TEXTES
Émile Durkheim   49

édités par
Jennifer Mergy, Stéphane Baciocchi et Marie-France Essyad

    Conventions typographiques et annotations   50
    Avis négatifs   52
    Avis positifs   106
    Comptes rendus d'ouvrages publiés dans le cadre du CTHS   143
    Rapports relatifs aux ouvrages d'É. Durkheim   146

CLORE ENFIN L'ÈRE DES GÉNÉRALITÉS
Jean-Louis Fabiani   151

    Une définition de l'intérêt scientifique public   154
    Une sociologie pratique des textes   166
    L'espace philosophique d'Émile Durkheim   174

BIBLIOGRAPHIE   190
    Sources imprimées   190
    Autres références   193
    Bibliographie des rapports et des comptes rendus   196

INDEX DES RAPPORTS   201

INDEX DES AUTEURS   202

LISTE DES CONTRIBUTEURS   207

Remerciements

Au regretté monsieur Michel Bouille, Chargé d'études documentaires au Centre d'accueil et de recherches des Archives Nationales (Paris), qui nous a encouragés à poursuivre nos investigations sur les archives du Comité des travaux historiques et scientifiques relatives à Durkheim.

Messieurs Philippe Besnard, du Centre National de la Recherche Scientifique et Maurice Aymard, de la Fondation de la Maison des Sciences de l'Homme, ont rendu possible la transcription des rapports en nous faisant bénéficier des compétences de madame Marie-France Essyad, que nous remercions très sincèrement. De même que le Centre d'anthropologie religieuse européenne (École des Hautes Études en Sciences Sociales) auprès duquel nous avons trouvé l'infrastructure matérielle nécessaire à la réalisation de notre projet.

Nos remerciements vont aussi à Jérôme David, Pierre-Antoine Fabre, Dominique Julia, Anne Lhuissier et Renaud Payre pour leur aide et leurs conseils. Merci enfin à Denise Bally du laboratoire marseillais de Sociologie, histoire et anthropologie des dynamiques culturelles (EHESS-CNRS) qui a assuré la complexe mise au point du manuscrit final.

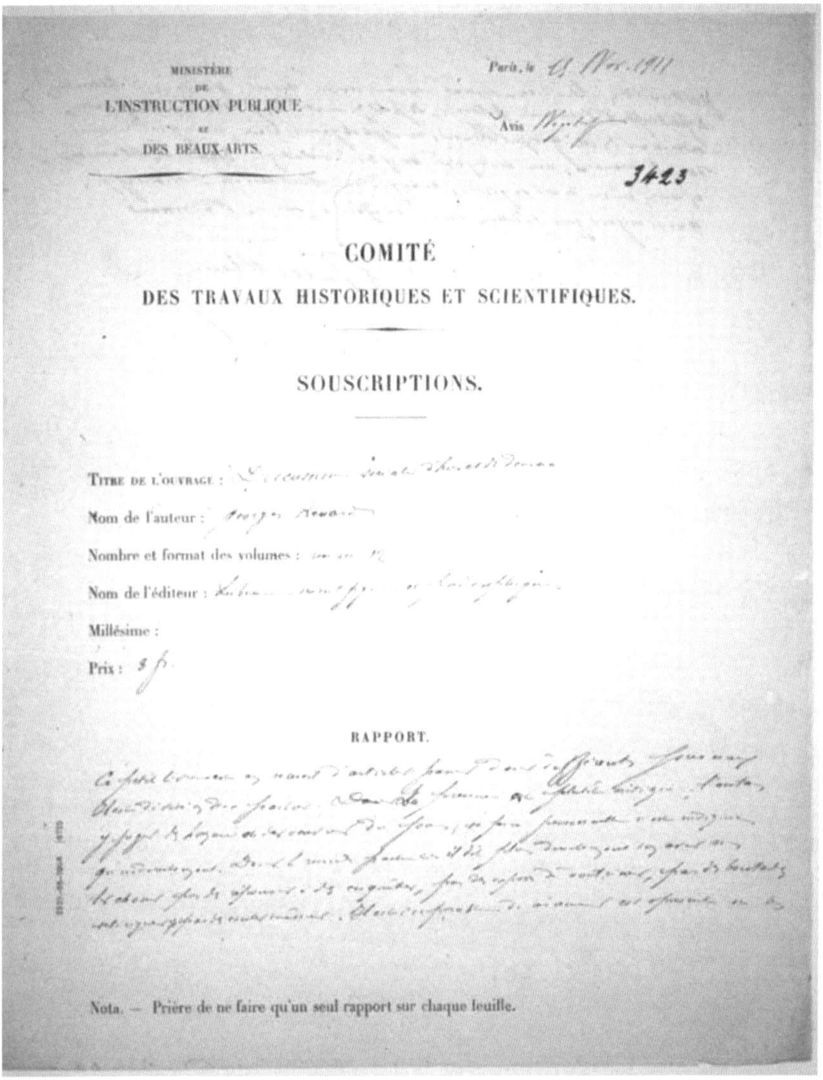

Illustration 1 : Rapport sur G. Renard, *Discussions sociales d'hier et de demain*.

DURKHEIM AU CTHS

Stéphane Baciocchi et Jennifer Mergy

Quelques jours après le décès d'Émile Durkheim, le 15 novembre 1917, Charles Lyon-Caen, président en titre de la Section des sciences économiques et sociales du Comité des Travaux Historiques et Scientifiques (CTHS), rend hommage à " notre cher vice-président " disparu et rappelle qu'il " assistait assez souvent aux séances du Comité et y a fait des rapports dans lesquels on trouve la marque de son esprit ferme, original "[1]. La découverte et le rassemblement de ce corpus composé d'une cinquantaine de rapports manuscrits – tous inconnus des spécialistes – contribuent à une meilleure connaissance de la carrière intellectuelle de Durkheim au sein des institutions liées au Ministère de l'Instruction publique. De ce point de vue, il s'agit, dans un premier temps, de présenter ici quelles furent les activités de Durkheim comme membre de la Section du Comité, avant d'aborder la production de ces rapports qui, de même que l'organisation d'un Congrès annuel et que la mise au point de propositions d'enquêtes collectives, participe du fonctionnement ordinaire de l'institution.

L'institution de la Section des sciences économiques et sociales

Créé en 1834 par le ministre François Guizot, le Comité des Travaux Historiques a d'abord vocation à promouvoir la recherche historique *via* les sociétés savantes et à encourager la publication de documents inédits sur l'histoire de France. Devenu Comité des Travaux Historiques et Scientifiques en 1881, l'institution est réorganisée en 1883 par Jules Ferry qui subdivise son champ d'activité en cinq sections : histoire et philologie ; archéologie ; sciences économiques et sociales ; sciences mathématiques, physiques, chimiques et météorologiques ; sciences naturelles et sciences géographiques[2]. De ce nouvel agencement du Comité en disciplines scientifiques *et* historiques date la création de la Section des sciences économiques et sociales (SSES). Composée de vingt-deux membres titulaires placés sous la présidence d'Émile Levasseur, la nouvelle Section fait publier dès 1883 une *Instruction sommaire* adressée, sous forme de circulaire, aux sociétés savantes de France[3]. Ce programme de travail vise à circonscrire un domaine d'études distinct de celui de la section plus ancienne des Sciences historiques et philologiques.

Pour l'essentiel, il s'agit d'examiner " à un point de vue différent de celui de l'histoire proprement dite ", les faits passés et présents qui " intéressent d'une manière spéciale la vie économique et morale, le droit et les institutions de la France ". Quant à la méthode, elle est

> celle que la tradition a consacrée depuis longtemps dans le Comité des travaux historiques : c'est la méthode de l'érudition, laquelle consiste à n'appuyer de conclusions que sur des documents précis, authentiques et bien étudiés. Cette méthode est applicable aux études contemporaines comme à l'histoire du passé ; elle leur est même d'autant plus utile qu'elle les garantit contre les digressions et qu'elle leur fournit un terrain solide, celui de l'observation des faits. La section considère les dissertations théoriques comme étant beaucoup moins de son ressort que les faits. Elle s'attachera surtout à la publication des textes, à la connaissance des actes, aux statistiques, qui, si elles peuvent égarer le jugement lorsqu'elles sont mal établies ou mal interprétées, sont un puissant instrument d'investigation dans les sciences sociales lorsqu'elles sont bien faites, aux monographies, qui peuvent égarer aussi si le type est mal choisi, mais qui, composées avec méthode et discernement, sont aussi un moyen

efficace pour pénétrer dans le détail de la vie économique et sociale d'un peuple[4].

Reconnaissant que les " institutions et les événements de la vie économique et morale " ressortissent à " l'histoire générale ", il est néanmoins affirmé que les dits événements et institutions peuvent être étudiés du *point de vue particulier* des sciences économiques, administratives, et pédagogiques.

Pareil agrégat de disciplines est une première fois mis à l'épreuve en 1898 lorsqu'il est donné lecture devant la SSES d'une lettre de plusieurs professeurs agrégés de l'Académie de Toulouse demandant la création d'une " sous-section de philosophie et d'une sous-section de sociologie, ou d'une sous-section unique de philosophie " au prochain Congrès des sociétés savantes ; proposition contre laquelle Émile Cheysson fait immédiatement valoir que la " sociologie est au premier rang des sciences économiques et sociales " et qu'il y aurait dans la création des sous-sections réclamées " un véritable démembrement de la Section des sciences économiques et sociales " qui serait, " pour ainsi dire découronnée si on lui enlevait les questions philosophiques. "[5] De janvier à mars 1912, il est de nouveau question d'une réorganisation éventuelle des Sections qui composent le Comité, impulsée cette fois-ci par la commission centrale du CTHS. Après concertation au sein de la Section des sciences économiques et sociales, le secrétaire Georges Harmand rapporte que les membres de sa section souhaitent maintenir la division actuelle et que le nouvel intitulé " section des sciences sociales " avancé par l'un d'entre eux, Charles Rabany, a été critiqué au motif que " la philosophie n'est pas comprise dans le titre " et qu'il conviendrait donc de préférer " sciences morales et sociales ". Prenant acte d'une part de la position de l'historien René Cagnat suivant laquelle pour les antiquisants et les médiévistes " l'archéologie et l'histoire se subordonnent l'une à l'autre " et, d'autre part, celle d'Alphonse

Aulard suivant laquelle, en histoire moderne et contemporaine, " l'évolution des méthodes historiques " exige d'entreprendre " de vastes enquêtes " pour lesquelles " un fait historique n'est plus seulement un fait exceptionnel ", la commission centrale du CTHS entérine finalement la création d'une Section d'histoire et d'archéologie (Antiquité et Moyen-Âge) et d'une Section d'histoire moderne et des sciences sociales. Les membres de cette dernière s'arrangent alors pour siéger séparément en une Sous-section d'histoire moderne et contemporaine et une Sous-section des sciences économiques et sociales, marquant ainsi une ultime démarcation de leurs champs de connaissances respectifs[6].

La première génération de membres de la SSES, que l'on retrouve, pour l'essentiel, à l'Académie des sciences morales et politiques et comme professeurs à l'École libre des sciences politiques[7] travaille donc, non sans difficultés ni polémiques, à l'institution au sein du CTHS d'un nouvel ensemble disciplinaire. De fait, ces trois institutions forment à l'époque à la fois un creuset et un foyer de recrutement du monde des sciences sociales émergentes. Cependant, à la différence de l'Académie et de l'École libre des sciences politiques, la SSES est sous tutelle directe du ministère de l'Instruction publique, et, plus précisément, de la Direction de l'enseignement supérieur. Aussi, de par leur caractère officiel, les nominations à la Section participent plus directement de la promotion du statut souvent incertain des amateurs, administrateurs et professeurs engagés dans la carrière des sciences économiques et sociales.

Pour Durkheim, établi à Paris en 1902 comme chargé de cours à la Faculté des Lettres, l'entrée au CTHS vient confirmer son insertion et sa promotion au sein de l'administration de l'Instruction publique[8]. Présenté comme candidat lors de la séance du 17 juin 1903 par les membres de la Section des sciences économiques et sociales, il est nommé par arrêté ministériel le 25 juin suivant et remercie, par deux lettres datées du 6 juillet, d'une part le Directeur de l'Enseignement supérieur sur la proposition duquel il dit avoir été nommé, et d'autre part le Ministre qui a signé son arrêté de nomination[9].

Une séance de travail ordinaire

Durkheim fait sa première apparition à une séance de travail de la Section le mercredi 15 juillet suivant où il se retrouve en présence d'une petite assemblée de onze personnes réunies sous la présidence du conseiller d'État honoraire Charles Tranchant ; Émile Levasseur, président en titre, est absent comme la moitié des membres titulaires[10]. Sont présents à cette séance les professeurs Alphonse Aulard (Faculté de Lettres de Paris) et Clément Juglar (École libre des sciences politiques), les inspecteurs d'académie Charles Lyon-Caen (Facultés de Droit) et Octave Gréard, alors retraité ; l'inspecteur général des Ponts et Chaussées Émile Cheysson ; le chef de bureau au Ministère de la Justice, Gabriel Tarde, et l'ancien chef de division à la Préfecture de la Seine, Alfred des Cilleuls ; enfin, le docteur Arthur Chervin, directeur de l'Institut des Bègues à Paris, et Maître Georges Harmand, avocat à la Cour de Paris[11]. Au delà de la diversité des affiliations institutionnelles et professionnelles, cette réunion regroupe des membres et présidents de plusieurs sociétés savantes proches à la fois par leurs pré-occupations et par les adhérents qu'elles partagent, telles la Société de statistique de Paris, la Société d'économie sociale, la Société de législation comparée et, déjà citée, l'Académie des Sciences Morales et Politiques[12]. Âgé de quarante-deux ans, Durkheim est le plus jeune de cette assemblée relativement homogène quant à son statut social : la moyenne d'âge est de soixante-quatre ans, la majorité, membres de l'Institut et membres fondateurs de la Section, arborant leurs insignes de Chevalier ou d'Officier de la Légion d'honneur.

Raoul de Saint-Arroman, chef du Bureau des sociétés savantes au Ministère de l'Instruction publique, membre de droit du Comité, ouvre la séance en donnant lecture de l'arrêté de nomination de Chervin et Durkheim[13]. Le président Tranchant prend la parole pour saluer les nouveaux titulaires puis, dépouillant la correspondance reçue, " fait hommage à la Section, au nom de leurs auteurs ", de trois ouvrages qui lui ont été adressés ; deux membres de l'assemblée se proposent d'en rendre compte dans une prochaine séance. Il est ensuite question d'une autre série d'ouvrages pour lesquels, suivant la formule consacrée, " des demandes de souscription ont été adressées au Ministère " ; parmi ceux-ci, celui de Lucien Lévy-Bruhl est remis à un rapporteur, non mentionné, mais que nous savons être Durkheim[14]. La séance se poursuit par une *lecture en comité* des rapports de souscription déjà rédigés, lecture suivie d'une discussion sous la forme d'échanges d'observations et de remarques diverses qui contribuent à fonder la conclusion du rapporteur quant à l'éventuelle souscription à accorder. Pour la séance décrite, le procès-verbal publié dans le *Bulletin* mentionne quatre rapports lus par trois personnes différentes et discutés par deux autres sur des points d'érudition. La parole est ensuite donnée à Cheysson. Il présente à l'oral un projet de circulaire aux sociétés savantes relatif à un cadre de description monographique élaboré pour une enquête initiée par la Section sur les communes de France. Il est enfin question de l'organisation du prochain Congrès des sociétés savantes. La séance commencée à 16 heures 30 est levée à 18 heures 15, la prochaine étant fixée après l'été, au mois de novembre.

Cette description détaillée d'une séance de la Section des sciences économiques et sociales du CTHS permet de saisir l'activité et le profil ordinaires des membres qui assurent conjointement la mise en œuvre des objectifs de cette institution officielle à vocation savante. Traités ensemble à l'occasion des séances de la Section, ces objectifs et missions peuvent être répartis en trois groupes d'activités : l'organisation annuelle d'un congrès réunissant autour d'un programme d'étude déterminé les différentes sociétés savantes de France, la mise au point de propositions d'enquêtes collectives à destination des mêmes sociétés savantes et, enfin, la rédaction de rapports d'évaluation à l'intention du Ministère sur des ouvrages pour lesquels ont été formées des demandes de souscription.

Mobiliser les sociétés savantes : congrès et enquêtes collectives

Les congrès organisés par le CTHS visent au rassemblement des membres des sociétés savantes autour d'un programme qui définit assez précisément les domaines de recherche et l'espace d'attention que chaque Section revendique. La participation intellectuelle de Durkheim à ces congrès est partiellement connue par le truchement d'un texte paru dans le *Bulletin* de la SSES, republié par Victor Karady et traduit en anglais par Wilfred Douglas Halls[15]. Très diffusées, ces deux dernières éditions rendent méconnaissables le statut et le contexte de l'*intervention orale* de Durkheim. Les différentes sections du CTHS organisent en effet les congrès autour d'une série de questions à traiter ; celles-ci étant regroupées puis distribuées en séances présidées par des membres choisis en comité. L'ensemble des séances forme le programme du congrès ; les questions pouvant être suggérées par les sociétés savantes elles-mêmes[16]. Ainsi, la première question inscrite au programme du Congrès de 1906, lors de la séance du 19 avril, a été soumise au Ministre par une lettre du président de la Société de sociologie de Paris : " Nous avons l'honneur de venir, comme chaque année, proposer à votre choix un sujet de discussion pour le prochain congrès des sociétés savantes […] ' Les rapports de la sociologie et de l'ethnographie ' nous paraîtraient pouvoir fournir la matière d'un débat ample et fructueux "[17]. La sténographie de cette séance ouverte par la communication de René Worms, secrétaire général de la même Société de sociologie de Paris, rend compte à l'évidence du caractère attendu d'un débat organisé en coulisse. Si Durkheim rappelle qu'en tant que président de séance, il n'est " pas venu pour parler lui-même de la question posée au programme ", il se prête néanmoins à la mise en scène de la confrontation intellectuelle " puisque M. Worms l'incite à dire son sentiment "[18].

Conjointement à cet aspect cérémoniel qui participe de la mise en forme publique des échanges intellectuels, il faut souligner le contrôle exercé par les membres titulaires des différentes Sections sur la diversité ou le pluralisme des questions mises au programme des congrès. Affiliés aux principales sociétés savantes parisiennes, les membres de la SSES sont en mesure de jouer les intermédiaires pour rendre visible et faire valoir les orientations scientifiques et réformatrices de ces sociétés, notamment celles de la Société de statistique de Paris, de la Société d'économie sociale, de la Société de législation comparée et, bien évidemment, de l'Académie des sciences morales et politiques. On retrouve par exemple au programme de 1905 des questionnements " leplaysiens " tels que " 6° Étudier, dans une ville industrielle, les changements survenus dans les conditions des ouvriers ou d'une famille ouvrière au XIXe siècle ", des questions de " statistique démographique "[19] telles que " 16° Étudier l'état et le mouvement de la population dans une commune de France, depuis la sécularisation de l'Etat-Civil jusqu'aux premières statistiques annuelles (1792-1801) "[20] ou, plus souvent encore, des questionnements réformateurs[21] tels que " 20° Les logements salubres et à bon marché " et, très explicitement, " 2° De l'organisation de la tutelle des mineurs. Quelles modifications les législations étrangères peuvent-elles suggérer pour mieux assurer la protection des intérêts des mineurs ? "

De même que les questions mises au programme des congrès par les différentes sections du CTHS, le travail d'élaboration de projets d'enquêtes empiriques à l'attention des sociétés savantes contribue à la structuration d'un espace intellectuel spécifique, voire disciplinaire. En outre, congrès et enquêtes ressortissent à une mission plus générale du Comité visant, comme le rappelle

Durkheim, à " encourager les travaux des Sociétés savantes "[22]. Pour s'en tenir à sa période d'activité au sein de la SESS, quatre propositions d'enquête ont été collectivement discutées ; l'on y saisit, en filigrane, l'intervention et l'autorité grandissantes du sociologue parmi ses collègues.

En décembre 1903, la Section décide d'instaurer une commission *ad hoc* pour réviser un projet de circulaire en vue de la transmission aux sociétés savantes d'un " cadre de monographie communale " établi par Cheysson[23]. On apprend à la séance suivante que la dite commission composée de Aulard, Cheysson, Des Cilleuls, Durkheim et Levasseur s'accorde, après un échange d'observations, avec Esmein, Tarde et Tranchant sur le fait que si " toute monographie devra s'ouvrir par une description topographique de la commune ", le modèle de composition monographique propre aux sciences économiques et sociales devra se distinguer de celui des historiens ou des archéologues en substituant de simples " notions historiques " placées en tête de chaque chapitre à une " introduction historique " générale[24]. Nommé vice-président de la Section le 27 octobre 1913, Durkheim est en position, dix ans après son arrivée au CTHS, non seulement de discuter, mais aussi d'appuyer, d'arbitrer et d'introduire lui-même des projets d'enquêtes.

Lors de la séance qu'il préside en l'absence de Lyon-Caen le 17 juin 1914, il est question d'une *Enquête relative au prix des denrées* impulsée par feu le président Levasseur ; Durkheim soutient la proposition de réactualiser la dite enquête et ajoute que " la Section pourrait également proposer une enquête sur le folklore, dont tant d'éléments importants ont déjà disparu, et dont le recueil présenterait tant d'intérêt pour notre histoire. "[25]

En pleine guerre, rappelant l'enquête monographique organisée par Cheysson, Durkheim revient à son souci du folklore lors de la séance du 21 avril 1915 : une enquête empirique, urgente, apporterait " des résultats très importants sur le folklore. Beaucoup de témoins, dont il serait important de consigner les dépositions, meurent, et des documents d'une valeur réelle peuvent ainsi être perdus. "[26]. Le mois suivant, Charles Rabany, directeur honoraire au Ministère de l'Intérieur, et Paul Fournier, professeur au collège d'Épinal, soumettent un nouveau projet d'*Enquête sur les biens communaux* ; le premier s'étant chargé de rédiger un rapport sur le volet contemporain de l'enquête, le second sur la partie historique qui, suggère-t-il, " pourrait être un excellent programme de travail pour les Sociétés savantes des départements ". Durkheim, une nouvelle fois président de séance en l'absence de Lyon-Caen, propose " de souder les deux points de vue et d'en tirer le questionnaire à soumettre " ; proposition à laquelle Lucien Poincaré, Directeur de l'Enseignement supérieur et membre de droit de la Section, répond que le volet contemporain de l'enquête, en s'appuyant essentiellement sur des statistiques établies par les maires, suppose la participation du Ministère de l'Intérieur et lui paraît donc " dépasser les attributions du Ministère de l'Instruction publique ". Rabany réplique que ces statistiques ministérielles " sont trop nombreuses pour être toujours bien faites " et pourraient être utilement complétées par le travail des sociétés savantes de province. Ralliant la position du Directeur de l'Enseignement supérieur, Durkheim tranche en excluant la période contemporaine du champ de l'enquête proposée, " il faut s'arrêter à une date assez éloignée de nous. " Lors de la séance du 17 novembre suivant, alors que le questionnaire sur les biens communaux est rédigé, que l'Académie des sciences morales et politiques a mis au concours pour 1916 un sujet identique, Durkheim " estime qu'en raison que certains auteurs intéressés par la question peuvent être actuellement mobilisés " il serait préférable de différer l'enquête et ajoute que " l'opinion publique serait ainsi plus satisfaite par cette solution "[27]. Enfin, le sociologue intervient une dernière fois en comité sur l'organisation d'enquêtes collectives le 19 juillet 1916, lorsque Gaston de Bar, successeur de Saint-Arroman à la direction du Bureau des Sociétés savantes, suggère aux membres la SSES de nouer des relations scientifiques avec le tout nouveau *Comité d'études de l'Afrique occidentale française* établi à Dakar.

Durkheim approuve cette proposition venue de l'administration et, en tant que membre de ce nouveau Comité d'études, " il considère qu'il serait intéressant pour la Section d'organiser des relations avec le nouvel organisme scientifique ; des études sur l'ethnographie, l'histoire des religions notamment, relèvent de notre Section et peuvent donner des résultats forts intéressants "[28]. Le docteur Chervin, président de la Société d'anthropologie de Paris, rejoint " l'idée émise par Monsieur le Président Durkheim " et invite à la rédaction d'un questionnaire d'enquête.

Congrès et propositions d'enquêtes empiriques permettent au CTHS d'affirmer ses relations avec les sociétés savantes de France et de jouer ainsi pleinement son rôle d'animateur des mondes provinciaux et coloniaux de l'érudition. Par leurs programmes, leurs contenus et leur dimension collective, ces deux groupes d'activités contribuent à orienter durablement la production savante de l'époque. On retiendra ici que la participation de Durkheim à ce type d'activité est allé grandissant depuis son accession à la vice-présidence de la SSES qui, comme nous l'avons vu, bénéficie depuis 1912 d'une autonomie affirmée par rapport aux disciplines historiques traditionnelles. De ce point de vue, la proposition d'enquête sur le folklore que le sociologue maintient alors même que la France est en guerre, tout comme ses travaux projetés dans le cadre du Comité de l'Afrique occidentale française nous semblent particulièrement révélateur de son influence et de la signification de son investissement au sein du CTHS[29].

Une activité routinière : la production des rapports de souscription

Si les propositions d'enquêtes courent sur plusieurs années sans périodicité fixe, l'organisation des congrès et la production de rapports sur des ouvrages candidats à une souscription ministérielle constituent des activités régulières de la Section, respectivement annuelles et mensuelles. Aussi, les procès-verbaux et les archives de la SSES renseignent d'autant plus abondamment sur cette dernière activité que celle-ci est fréquente[30].

D'une séance à l'autre, il s'agit concrètement de répartir et de distribuer entre les membres présents une série de livres envoyés au Ministère en vue d'obtenir une subvention[31]. À charge de chacun des rapporteurs désignés de remplir un formulaire de " Souscriptions " pré-imprimé (*cf.* illustration 1) dont la première partie est consacrée aux caractéristiques matérielles ou bibliographiques de l'ouvrage. Une section intitulée " Rapport " et ouverte sur trois feuillets concerne l'évaluation globale de l'ouvrage. Enfin, l'en-tête du formulaire reporte la conclusion du rapport sous la forme d'un " Avis " simplement renseigné par oui ou non. La plupart des rapports rédigés sont lus en séance par leurs rapporteurs et peuvent susciter une discussion, brièvement transcrite et publiée. Les rapports sont ensuite transmis aux bureaux du Ministère pour une décision définitive du Ministre concernant la souscription à accorder ; celle-ci portant sur quinze à quarante exemplaires achetés par l'administration et à destination des bibliothèques universitaires et des grandes bibliothèques municipales[32]. Si le secrétaire de la Section enregistre et rend publique la liste des ouvrages reçus, il ne mentionne pas en nom propre les rapporteurs désignés collectivement et de manière informelle pour examiner tel ou tel ouvrage. Cette publicité différentielle témoigne d'un travail *en comité* durant lequel les personnes s'effacent derrière leurs fonctions de rapporteurs.

Ces rapports, au nombre d'environ cinq mille huit cents, sont aujourd'hui conservés et archivés par ordre alphabétique des noms des auteurs des ouvrages pour lesquels une demande de souscription a été formée. Ainsi, par exemple, le carton coté F17/13424 regroupe les rapports consacrés aux ouvrages de DUM à DYS[33]. On y trouve une pochette " Durkheim " contenant quatre formulaires de souscription sur *La division du travail social* (rapport signé Octave Gréard en 1893), *Les règles de la méthode sociologique* (J. Martha, 1895), *Le suicide* (Alfred de Foville, 1898) et *Éducation et sociologie* (Ferdinand Buisson, 1924). Dès lors, l'on peut entrevoir au moins deux façons de construire un corpus d'analyse : l'une centrée sur les auteurs des ouvrages, l'autre sur les rapporteurs.

Reprendre le cadre du classement archivistique permet d'étudier la réception et la diffusion du travail scientifique de tel(s) ou tel(s) auteur(s) considéré(s). Les quatre rapports consacrés aux ouvrages de Durkheim[34] montrent que ses travaux sont immédiatement perçus comme solides tant du point de vue de l'érudition – le leplaysien Foville (1898) qualifie ainsi le *Suicide* de " monographie " remarquable par sa " documentation riche et sûre " – que du point de vue de leur argumentation : les analyses menées par Durkheim sont qualifiées de " subtiles ", les questions abordées étant posées avec " netteté " et discutées avec " rigueur ". Concurremment, les rapporteurs suggèrent que le style d'analyse mis en œuvre ne se prête pas aisément à la vulgarisation, que Durkheim emprunte " la prose des sociologues [qui] n'est pas toujours exempte de quelque pédantisme ". L'entreprise sociologique est parfois elle-même discrètement contestée. Martha (1895) qualifie de " un peu vagues " et de " trop générales " les règles de la méthode sociologique proposées par Durkheim. Contemporain de la dite entreprise, le rapporteur perçoit tout particulièrement le caractère *ad hoc* de l'ouvrage en question en soulignant que " au moment où l'on songe à fonder des chaires de sociologie et où chaque professeur sera obligé de se faire une méthode, ce petit livre, si incomplet qu'il soit, peut offrir un intérêt particulier ". Aussi, malgré quelques réserves, les quatre ouvrages de Durkheim ont finalement bénéficié d'un avis favorable pour une souscription ministérielle qui, en tant que telle, participe de leur diffusion. Réception et diffusion peuvent être étroitement articulées, comme le montre le rapport de Ferdinand Buisson (1924) sur l'ouvrage posthume de Durkheim *Éducation et sociologie* : " les idées fondamentales de sa doctrine sur l'éducation prennent place dans les connaissances que l'école ne peut plus ignorer. Ce petit volume est donc appelé à rendre par la divulgation de principes dont on ne peut se passer, des services tout à fait importants, et le rapporteur conclut à une large souscription. "

Si l'analyse d'un corpus de rapports consacrés à un même auteur permet de caractériser de manière relativement fine parce que strictement contemporaine la réception de ses ouvrages, une telle analyse néglige d'une part les conventions spécifiques à l'institution du CTHS en matière d'évaluation, et d'autre part la manière personnelle dont chacun des rapporteurs met en œuvre les dites conventions.

Les rapporteurs : conventions et élaboration des critères en comité

Nulle part formalisées, les conventions qui président à l'évaluation des ouvrages pour lesquels une demande de souscription a été formée sont à la fois encadrées par les procédures routinières de fonctionnement des différentes Sections du Comité et générées par les interactions sous la forme de discussions entre les membres présents lors des séances. Nous parlerons donc ici de conventions produites en comité pour désigner l'une et l'autre facette de ces activités collectives d'évaluation.

Nous avons décrit plus haut le fonctionnement concret de la SESS qui, par ses routines, formalise une partie de ces conventions. Pour le reste implicites, celles-ci apparaissent seulement à l'occasion de conflits ou d'incertitudes en comité. Ainsi, par exemple, lors des séances du 17 juillet 1907 et du 17 novembre 1909 où des discussions générales s'élèvent à propos d'ouvrage perçus comme fortement orientés politiquement.

Séance du 17 juillet 1907, une discussion générale à laquelle prennent part Aulard, Camille Bloch, des Cilleuls, Durkheim, de Foville, de Saint-Arroman et Tranchant s'engage à propos de l'ouvrage de Georges Renard, *Le socialisme à l'œuvre*[35] :

M. AULARD pense que les souscriptions que le Ministère accorde après avoir pris l'avis de la Section, ne sont pas destinées à indiquer que le livre est conforme à certaines idées ; mais simplement que l'ouvrage est bien fait. L'intérêt des lecteurs est d'être bien informés ; il importe de les bien renseigner, quelles que soient les tendances des volumes destinés aux Bibliothèques.

M. Charles TRANCHANT rappelle que cette question a déjà été posée, et qu'il n'y a que des questions d'espèce.

M. de FOVILLE est d'avis qu'il ne s'agit pas en effet d'estampiller des opinions, mais lorsque le succès d'un livre est certain, la souscription est moins justifiée ; au surplus, lorsque le livre n'est pas un ouvrage exposant des idées, mais qu'il donne des affirmations, comme un catéchisme, sans discussion, sans objections, qu'il constitue en un mot plutôt un livre de propagande, il n'y a pas lieu de souscrire.

M. DURKHEIM est également d'avis qu'un ouvrage de propagande ne doit pas être l'objet d'une souscription : au contraire s'il s'agit d'un ouvrage scientifique, la souscription est légitime[36].

Séance du 17 novembre 1909, une autre discussion générale s'engage à propos d'un recueil de leçons et conférences données à l'École des hautes études sociales sur *Le droit de grève*[37] :

M. SELIGMAN signale le caractère délictueux de certaines déclarations contenues dans la conférence de M. Vendervelde [sic][38] et estime que les passages qu'il signale doivent amener, ainsi que le pense le rapporteur, au rejet de la souscription sollicitée.

M. Alfred Des CILLEULS pense que le Comité statue sur les conclusions du rapporteur, et non sur les motifs de ses conclusions.

M. le Président Ch. TRANCHANT confirme la déclaration faite au cours de la discussion et donnée par divers membres du Comité, à savoir que la souscription du Ministère n'est pas l'estampille des idées de l'auteur, mais un encouragement.

M. DURKHEIM, tout en déclarant qu'il ne partage pas plus que M. SELIGMAN les sentiments exprimés par M. Vandervelde, fait remarquer qu'il y aurait de sérieux inconvénients à paraître admettre qu'une souscription ministérielle constitue une estampille officielle, donnée à des idées quelles qu'elles soient. En l'espèce, d'ailleurs, le refus de souscription se justifie aisément sans qu'il soit nécessaire de faire intervenir des considérations relatives à la nature des thèses soutenues par les auteurs. L'ouvrage en question n'a pas de caractère proprement scientifique, car c'est un recueil de conférences destinées à faire connaître au grand public les opinions en cours, dans différents partis politiques, sur une question qui est à l'ordre du jour. Les observations de M. Durkheim ne visent donc aucunement les conclusions du rapport, mais seulement les considérants par lesquels ces conclusions étaient justifiées[39].

Ces deux discussions s'articulent autour d'une même question principale aux ramifications multiples. Faut-il exclure des souscriptions officielles les ouvrages perçus comme relevant de la " propagande " politique ? Partant, quels sont les critères de souscription, comment les mettre en œuvre et quelle signification accorder à la souscription elle-même ? En l'absence de règles formelles, la discussion fait apparaître quelques éléments partagés du travail d'évaluation par le Comité. En premier lieu, pour les membres de la SESS, la question de la méthode d'évaluation fait l'objet d'un souci commun et suscite des divergences. Faut-il juger les ouvrages selon des principes généraux ou, suivant Tranchant, selon des " questions d'espèce "[40] ? De même, lors de la seconde discussion, Des Cilleuls et Durkheim explicitent le point de méthode visant à distinguer dans l'évaluation les " considérants " ou " motifs des conclusions ", des " conclusions " proprement dites. Enfin, un consensus semble émerger sur la signification pratique et non pas idéologique de la souscription : l'évaluation des ouvrages devant être orientée en vue d'*encourager* la diffusion d'un " ouvrage bien fait " plutôt que de lui décerner une " estampille officielle "[41]. Cependant, le niveau de généralité auquel se situent ces éléments communs laisse place, comme en témoigne les discussions rapportées, à des variations individuelles significatives à l'échelle desquelles peut être retrouvée la manière dont les rapporteurs mettent en œuvre, enrichissent et finalement s'approprient les critères et conventions propres à l'institution. De ce point de vue, l'analyse du cas Durkheim est, nous semble-t-il, exemplaire de la manière dont un rapporteur, pris dans une activité collective d'évaluation, est à même d'y introduire sa marque intellectuelle.

Durkheim rapporteur : textes, considérants et conclusions

À la différence d'Anthony Giddens qui ne distingue guère le statut des comptes rendus publiés par Durkheim dans les revues philosophiques de celui des textes parus dans la seconde partie de *L'Année sociologique*[42], il nous a semblé très important d'une part de préciser la place des rapports de souscription parmi les formes d'écritures connexes mises en œuvre par les collaborateurs de *L'Année* et des *Notes critiques – Sciences sociales*, et d'autre part de rappeler que les rapports signés Durkheim, comme l'ensemble des rapports de souscription produits dans le cadre de la SSES, empruntent à un genre, des attendus et des conventions spécifiques.

Le TABLEAU 1 permet de souligner que seulement onze des cinquante quatre ouvrages ayant fait l'objet d'un rapport de souscription signé Durkheim dans le cadre du CTHS ont été pris en considération par les collaborateurs de *L'Année sociologique* et des *Notes critiques – Sciences sociales*. Ces derniers, en se répartissant le travail de critique bibliographique opèrent une sélection en partie différente de celle résultant de la distribution des ouvrages au sein de la Section des sciences économiques et sociales. Ce sont ici les groupes de référence et leurs espaces d'attention qui diffèrent.

TABLEAU 1
Les rapports de souscription signés Durkheim dans la division du travail de critique bibliographique instaurée parmi ses collaborateurs.

Ouvrage de :	Rapports CTHS (1903-1915)	Analyses AS Vol. VII à XII (1903-1913)	Notes critiques NC (1900-1906)
J. Baldwin	É. Durkheim		*Mention*
V. Basch	É. Durkheim	C. Bouglé	J. Reynier
D. Draghicesco	É. Durkheim	*Mention*	
E. Dupréel	É. Durkheim	C. Bouglé	
W. James	É. Durkheim	M. Mauss	*Mention*
L. Lévy-Bruhl	É. Durkheim	É. Durkheim	F. Simiand
E. Rignano	É. Durkheim	F. Simiand	E. Milhaud
H. Spencer	É. Durkheim		*Mention*
J. Wahl	É. Durkheim	*Mention*	
L. Ward	É. Durkheim	D. Parodi	L. Gernet
J. Wilbois	É. Durkheim	C. Bouglé	

Lecture : L'ouvrage de Ward fait l'objet d'un rapport au CTHS signé Durkheim, d'une " analyse " publiée dans *L'Année sociologique* par Parodi et d'une " note critique " publiée dans *Notes critiques – Sciences sociales* par Gernet.

Nous développerons ici deux études de cas susceptibles de rendre compte de cette division du travail de critique bibliographique qui, suivant les supports où elle s'exerce, revêt des formes différentes tout en gardant un point de vue cohérent, voire collectif. En premier lieu, la circulation parmi l'équipe durkheimienne[43] de l'ouvrage *Un socialisme en harmonie avec la doctrine économique libérale* d'Eugenio Rignano, permet de décrire le travail de neutralisation des énoncés et prises de position politiques qui caractérise le passage des " notes critiques " aux " analyses " et " rapports ". La note qu'Edgar Milhaud consacre à Rignano dans *Notes critiques – Sciences sociales* s'attache essentiellement à la première partie de l'ouvrage où l'auteur recensé expose le type d'organisation économique auquel aspire sa conception du socialisme. Si Rignano a bien défini la place de l'individualisme dans le socialisme en général, l'idée d'un " collectivisme marxiste " n'est pour Milhaud qu'un mythe ; ce dernier n'hésitant alors pas à brocarder une conception du socialisme qui s'appuierait sur l'intervention étatique tout en prétendant être compatible avec une doctrine économique libérale. Dans cette " note critique ", Milhaud défend donc bien explicitement un point de vue politique et intellectuel – déterminer l'apport des publications récentes aux doctrines socialistes – qui n'est autre que celui de la société éditrice des *Notes critiques – Sciences sociales*, la Société Nouvelle de Librairie et d'Édition dirigée par Lucien Herr, cette " librairie coopérative d'intellectuels "[44] se rattachant peu ou prou au socialisme réformiste jaurésien. Peu après, sur une scène plus universitaire et strictement scientifique, François Simiand publie chez Alcan dans un style sobre un bilan à la fois court, descriptif et analytique du même ouvrage de Rignano. Le texte s'inscrit dans la partie " analyses " de *L'Année sociologique* — un titre " trop modeste " selon Herr qui soulignait la dimension scientifique de ce travail de recension bibliographique[45]. Si Simiand qualifie la première partie de l'ouvrage de Rignano de " vraiment originale ", il critique le choix arbitraire des auteurs discutés dans la seconde. Pour Simiand, l'absence de justification méthodologique fait de cette étude un ouvrage de sociologie générale " un peu indéterminé " et, conséquent avec les exigences de Durkheim visant à dégager les " résidus sociologiques " des ouvrages discutés dans la partie " analyses " de *L'Année sociologique*, il conclut que le livre de Rignano " n'étant pas un travail positif de science proprement dite, nous n'avons pas à le discuter ici "[46]. Enfin, le même ouvrage, candidat à une souscription ministérielle, fait l'objet d'un rapport signé Durkheim et lu au CTHS le 16 mars 1904. Le rapporteur souligne devant ses collègues et, indirectement à l'attention du Ministère, l'intérêt de la première partie de l'ouvrage " comme symptôme de l'effort fait par les théoriciens du socialisme pour renouveler les formules traditionnelles ". Le rapport s'ouvre ainsi sur une présentation distanciée des thèses de l'auteur que Durkheim résume à grands traits et, à la différence de Milhaud dans *Notes critiques – Sciences sociales*, sans parti pris politique explicite. Il s'attarde néanmoins sur cette première partie en présentant le détail d'un système de prélèvements visant à réduire les inégalités économiques liées au droit d'héritage ; système dont les idées fondamentales, comme le fera remarquer Mauss, " coïncident avec celles de Durkheim "[47]. Le rapporteur ne prend cependant pas position et passe à la seconde partie de l'ouvrage qui lui semble " contenir des parties faciles " et même parfois " des généralités assez vagues " comme par exemple dans la partie consacrée à la " *Conscience collective prolétarienne en tant que facteur sociologique* ". Évaluant l'ouvrage dans son ensemble et dans son genre, Durkheim conclut que Rignano apporte finalement peu à la connaissance des doctrines socialistes : " nous ne croyons pas qu'il y ait lieu de souscrire à un ouvrage où l'on n'a pas d'idées vraiment neuves ". Ainsi, des *Notes critiques – Sciences sociales* au rapport du CTHS en passant par *L'Année sociologique*, les thèses défendues par Rignano font bien l'objet de discussions différemment polarisées mais relativement cohérentes si l'on considère que Durkheim et Simiand disqualifient ensemble la prétention sociologique de l'ouvrage et que Durkheim et Milhaud font de même quant à l'originalité et l'intérêt du socialisme défendu par l'auteur.

La Morale et la science des mœurs de Lévy-Bruhl offre un second cas de figure de circulation des textes parmi les instances d'évaluation où s'exercent les membres de l'équipe durkheimienne. Les trois recensions de ce livre considéré au sein de la dite équipe comme un livre de science par excellence sont empreintes de légères variations qui signalent que l'utilité des travaux proprement scientifiques est différemment appréciée selon que l'on se situe du point de vue des *Notes critiques – Sciences sociales*, de *L'Année sociologique* ou encore du CTHS où

Durkheim rédige ses rapports. Dans les *Notes critiques – Sciences sociales*, Simiand applaudit à cette étude qu'il considère comme un " livre d'action directe, qui travaillera fortement, je le crois, à l'éducation positive des esprits, à la désagrégation des disciplines traditionnelles, et à l'avancement d'une science morale "[48]. Dans *L'Année sociologique*, Durkheim souligne que cette science positive des faits moraux initiée par Lévy-Bruhl contribue directement à son propre programme de recherche et constitue une base solide pour les " spéculations pratiques des moralistes "[49]. Sa position est reformulée dans le cadre du Comité où il est question de définir une " base rationnelle à l'art moral ". En donnant un " caractère concret et vivant " à leur enseignement de morale, *La Morale et la science des mœurs* sera particulièrement utile aux professeurs des lycées de la République. Absolument solidaires d'un point de vue intellectuel, ces trois recensions ne s'adressent cependant pas aux mêmes lecteurs et diffèrent en conséquence.

Plus généralement, dans l'œuvre de Durkheim, les rapports de souscription doivent être distingués des formes d'écriture apparentées tels que les " comptes rendus ", " analyses " et " notices bibliographiques ", ou encore " notes critiques " que l'on trouve respectivement comme rubriques de la *Revue philosophique*, de la *Revue de métaphysique et de morale*, de *L'Année sociologique* et des *Notes critiques – Sciences sociales*. Alors même que les " analyses " publiées dans *L'Année sociologique* répondent à un " programme " collectif explicite, les comptes rendus proprement dits n'ont pas fait l'objet d'autres réflexions de la part de Durkheim que celles, particulières, livrées sous la forme d'une leçon d'écriture à son neveu : " J'ai seulement 1° remplacé le mot mauvais livre par "Mais des ingéniosités de détail ne suffisent pas pour donner à un livre une valeur scientifique", […] L'essentiel est : 1° Marquer la valeur générale du livre; et quand elle est faible, justifier le jugement par quelque raison probante, sans qu'il soit nécessaire d'en énumérer toutes les défaillances. Or les insuffisances historiques suffisaient à cela.

2° Dégager ce qui peut être conservé ou exposer une idée suggérée par le livre. Je te rappelle cela parce que tes deux comptes rendus oublient un peu ce principe "[50].

Dès lors, si les comptes rendus peuvent être rapprochés des " analyses " dans la mesure où il s'agit d' " extraire le résidu objectif des œuvres " – " c'est-à-dire les faits suggestifs, les vues fécondes, qu'elles soient intéressantes par leur valeur intrinsèque ou par les discussions qu'elles appellent "[51] – les " analyses " s'en démarquent pour autant qu'elles tendent à dégager, à propos de chaque ouvrage sélectionné, des enseignements utiles à la constitution de la Sociologie. De même, il convient de bien distinguer les " analyses " et " comptes rendus " de l'orientation politique et du style expressif des " notes critiques " qui n'ont pas " la prétention d'être complètes". Comme l'écrit le secrétaire de rédaction François Simiand, " elles ne remplaceront pas le compte rendu développé : elles le feront seulement attendre, s'il y a lieu. Bien que brèves et rapides, elles répondent d'être consciencieuses et elles tâcheront d'être expressives "[52].

Les rapports de souscription se démarquent enfin radicalement des " comptes rendus ", " analyses " et " notes critiques " quant à leur statut : alors que ceux-ci participent de la construction d'un espace public et sont à ce titre publiés et commercialisés[53], les rapports sont en principe confidentiels et ne circulent qu'à l'intérieur de l'espace restreint du CTHS et du Ministère de l'Instruction publique. Restés manuscrits, ces rapports n'ont pas fait l'objet d'une relecture en vue d'être édités et gardent ainsi leur *style cursif*. D'autre part, leur trame argumentative commune est orientée par un impératif pratique, motiver une décision quant à l'octroi d'une souscription ministérielle. Par leur statut à la fois officiel et confidentiel, leur style cursif et leur trame argumentative spécifique, ces rapports de souscription font preuve, en deçà des euphémismes liés à l'exercice d'une fonction officielle, d'un ton particulièrement direct et d'une originalité certaine. Notre décision de les éditer sous forme de textes alors même qu'ils étaient destinés à rester manuscrits et à être lus et discutés en comité fermé, ne doit pas tromper le lecteur dans l'interprétation ou l'usage qu'il pourra en faire. L'édition des rapports ayant en effet pour conséquence un changement important du statut de la personne qui, de rapporteur en nom collectif, devient auteur en nom propre[54].

Cela dit, il est possible et intéressant de distinguer dans la production du rapporteur Durkheim ce qui relève d'une part de conventions partagées *en comité* et d'autre part de son empreinte intellectuelle. Pour ce faire, nous nous appuyons sur la distinction proposée par Durkheim lui-même (*cf. supra*) entre les " considérants " et les " conclusions " des rapports, ainsi que sur une analyse systématique des critères d'appréciation et de jugements explicitement formulés par le rapporteur. D'une manière générale, il ressort de notre analyse que le travail d'évaluation de Durkheim vise à déterminer tout ensemble la qualité éditoriale et " scientifique " des ouvrages. Nous verrons que celle-ci s'articule autour de quelques oppositions et critères forts.

Les rapports ont ceci de spécifique qu'ils sont orientés par une question pratique : l'octroi ou non d'une souscription comme encouragement ministériel. Dès lors, si l'on repère dans le texte des rapports l'ensemble des références directes et explicites à la souscription, l'on tombe immanquablement sur la partie du rapport que Durkheim désigne comme " conclusion ". Le lecteur y trouvera une série de considérations sur le statut et la qualité proprement éditoriale de l'ouvrage. En premier lieu, puisqu'il s'agit d'accorder une souscription publique dont sont exclus les livres étrangers, se pose la question des ouvrages traduits. Durkheim signale à propos des traductions, nulle part explicitement envisagées comme cas particulier, qu'" il a été entendu " ou encore qu'" il est dans les usages du Comité " de n'accorder de souscription dès lors qu'il s'agit d'ouvrages étrangers " très importants " ou d'un " mérite particulier "[55]. Par exemple, à propos de la traduction de *Pure Sociology* de Lester Ward, Durkheim s'appuie sur cette convention pour exclure de la souscription cet ouvrage qu'il disqualifie par ailleurs comme " une sorte de métaphysique de la sociologie " sans intérêt " considérable ".

Pour les ouvrages français, les considérations de prix, de maisons d'édition et de collections participent de la décision pratique quant à l'opportunité d'une souscription. À propos de *La Vie inconsciente et les mouvements* de Théodule Ribot, le rapporteur Durkheim propose aux membres de la Section d'y souscrire " si l'on ne voit pas dans le faible prix de l'ouvrage de raison qui s'y oppose ". Cette précaution fait directement référence à un " principe " rappelé en comité par le chef de Bureau des Sociétés savantes suivant lequel " les souscriptions du Ministère sont destinées notamment à des ouvrages trop chers pour pouvoir pénétrer dans le grand public et qu'il convient de mettre à portée des lecteurs "[56]. Durkheim suggère une seconde fois de contourner ce principe à propos de *La Genèse des instincts* d'Hachet-Souplet publié chez Flammarion dans la collection de Gustave Le Bon " qui s'adresse à une très large / *clientèle* / [autre main] et qui, par elle-même, doit être très rémunératrice. " Il mobilise en revanche ce principe économique pour exclure de la souscription *La Naissance de l'intelligence* de Georges Bohn, lui aussi publié chez Flammarion dans cette même collection " qui s'adresse au grand public " et " qui dispose d'une vaste clientèle ".

Comme le montre le tableau suivant, l'ensemble des considérations quant au statut éditorial des ouvrages soumis à souscription, et plus particulièrement la collection, n'est pas sans conséquence sur les avis conclusifs de Durkheim.

Le TABLEAU 2 permet en effet de montrer que les avis négatifs, les plus nombreux (65%), sont inégalement répartis selon les collections dans lesquelles les ouvrages soumis à souscription ont été publiés. Tous les ouvrages parus chez Giard et Brière dans la collection de René Worms " Bibliothèque sociologique internationale " ont reçu un avis négatif alors même que 57% de ceux publiés chez Félix Alcan dans la collection " Bibliothèque de philosophie contemporaine " bénéficient d'avis positifs.

TABLEAU 2
Distribution des avis négatifs et positifs de Durkheim selon la collection à laquelle appartient l'ouvrage pour lequel une demande de souscription a été formée. En chiffres absolus et, entre parenthèses, pourcentages en ligne.

Collections	Avis Négatifs	Positifs	Total
Bibliothèque de philosophie contemporaine	10 (43%)	13 (57%)	23 (100%)
Bibliothèque sociologique internationale	7 (100%)	0	7 (100%)
Sans collection	12 (75%)	4 (25%)	16 (100%)
Autres collections	6 (75%)	2 (25%)	8 (100%)
Total	35 (65%)	19 (35%)	54 (100%)

Lecture : sur les 23 ouvrages publiés dans la collection " Bibliothèque de philosophie contemporaine ", 10, soit 43 %, ont reçu un avis de souscription négatif de la part du rapporteur Durkheim.

La distribution des avis selon la variable " traduction " suggère que les conventions discutées et explicitées en comité ne sont apparemment pas sans conséquences sur les avis conclusifs du rapporteur Durkheim. Les traductions reçoivent d'autant moins d'avis positifs (27% contre 38% des non-traductions) que les exigences déclarées du sociologue, reprenant en cela les conventions élaborées en comité, sont plus fortes à l'égard des ouvrages traduits. Cependant, la variable " collection " et plus encore " maison d'édition " joue ici à plein dans la mesure où tous les avis positifs à l'égard des traductions portent sur des ouvrages publiés par Alcan. Enfin, la distribution des avis selon le prix des ouvrages dément les déclarations de Durkheim et ses rappels aux principes du Comité quant à l'octroi préférentiel de souscription aux ouvrages dont le prix pourrait être un obstacle à leur diffusion : 41% des ouvrages de moins de 3 francs – et nous nous référons ici à la déclaration de Durkheim suivant laquelle un ouvrage vendu 2,5 francs est de " faible prix " – ont reçu un avis positif, contre seulement 33% des livres vendus plus chers. Là encore, la variable " maison d'édition " semble active puisque 38% des livres publiés chez Alcan sont commercialisés à moins de 3 francs, contre 21% des ouvrages parus chez d'autres éditeurs. Au total, on peut se demander si le rapporteur Durkheim n'est pas particulièrement réceptif à la politique éditoriale de son éditeur Félix Alcan et, plus précisément, à celle de sa collection " Bibliothèque de philosophie contemporaine " résolument tournée vers la diffusion de la production universitaire et républicaine à destination des nouvelles populations estudiantines[57]. Aussi, pour mieux comprendre la distribution générale des avis positifs et négatifs, il convient de détailler et d'articuler les " considérants ", qui contribuent à orienter et justifier les " conclusions " du rapporteur Durkheim.

L'étude des critiques et des arguments formulés par Durkheim nous permet de dégager un canon à l'aune duquel le rapporteur juge de la valeur érudite et scientifique des ouvrages examinés. Si la décision conclusive d'accorder ou non une souscription ne découle pas *nécessairement* de l'adéquation de l'ouvrage à cet idéal de scientificité[58], il faut bien voir que celui-ci informe l'ensemble des considérants et, par là même, l'appréciation générale de l'ouvrage par le rapporteur. Nombre d'aspects *formels* systématiquement examinés – tels le plan, le choix du titre et le style d'écriture de l'ouvrage – renvoient très directement à ce canon et dénotent une technique de lecture particulière à l'univers académique. D'autre part, l'idéal de scientificité auquel se réfère Durkheim est présent dans ses con-sidérations sur l'*originalité* de l'ouvrage quant à la méthode, à la conceptualisation et à l'utilité de ses résultats.

Pour mieux cerner le canon de scientificité auquel se réfère Durkheim, il nous faut préciser ses deux registres fondamentaux : la qualité de la composition scientifique et éditoriale et la valeur heuristique des ouvrages. Selon Durkheim, un travail à prétention scientifique implique un sujet prometteur, original, utile et bien déterminé. Le problème central des ouvrages d'Alexandra David-Neel, de Gaston Richard, d'Adolphe Wilbois et de Lester Ward est que leurs sujets dépassent l'étendue de l'ouvrage. Dans ce souci de délimitation thématique, l'intitulé de l'ouvrage doit définir très précisément son objet. Durkheim insiste sur la nécessité d'un rapport direct entre le titre et le contenu de l'ouvrage, un titre fidèle aux divisions et au développement de l'étude plutôt qu'un titre " trompeur "[59]. De même, le plan doit être fidèle au développement, à la méthode employée et aux résultats de l'ouvrage ; les chapitres s'articulent de manière à tenir une unité de thèse[60]. Les parties sont enchaînées, ont des transitions et s'inscrivent dans une structure apparente afin que le plan soutienne la démonstration. *A contrario,* un mauvais plan entraîne une démonstration hachée où les éléments se juxtaposent et où le lien entre les sujets est " difficile à percevoir, lâche " ; les " parties sont reliées de manière arbitraire "[61].

Pour apprécier la composition des livres, le rapporteur détermine si leur structure apparente est mise en valeur par une expression précise et élégante. Ces différents aspects, peu étudiés chez le sociologue Durkheim, sont directement abordés par le rapporteur du même nom qui évoque les " qualités formelles de la langue "[62]. Pour lui, les éléments stylistiques renvoient précisément à un texte " exposé avec clarté " dont l'expression est exacte, " suggestive " et sans lourdeur ; il faut que le texte soit

" facile à lire " et non pas rédigé dans une langue obscure ou vague[63]. Un ouvrage est par ailleurs écrit dans un style personnel et expressif, celui de son auteur, d'où se dégage une dynamique de l'exposition, une curiosité mais aussi, sur un registre moral, une " sincérité " et une " droiture " de la pensée[64]. Si l'expression personnelle est valorisée par Durkheim, celui-ci met en garde contre l'usage d'un " ton passionné " qui irait à l'encontre de la nécessaire " prudence et réserve scientifique "[65].

Dans l'évaluation des qualités formelles des ouvrages, Durkheim s'attache aux styles argumentatifs. Il recourt notamment plusieurs fois à la notion de " dialectique " pour caractériser l'ensemble des moyens mis en œuvre par les auteurs qui mènent leurs travaux intellectuels en confrontant différentes thèses, auteurs ou domaines de connaissances. Pour ces ouvrages qui se distinguent du compte rendu expérimental, il ne s'agit pas d'en juger la méthode ou l'ancrage empirique, mais bien d'apprécier les qualités propres à une *discussion*. Aussi Durkheim qualifie-t-il en premier lieu la " dialectique " des philosophes en empruntant au registre des traits ou qualités d'esprit ; leur dialectique est jugée subtile, pénétrante, fine, souple ou encore ingénieuse. À ces traits d'esprit sont associées des qualités ou des normes morales qui, selon Durkheim, doivent régir l'espace *critique* de la discussion telles que la mesure et la sincérité. Il faut aussi rendre justice aux différentes idées existantes, les interroger en une " discussion très serrée " à la manière de Lucien Lévy-Bruhl. L'usage de la dialectique ne saurait toutefois fonder un point de vue scientifique *ex nihilo*. La " finesse dialectique " du docteur en droit Mieczlaw Szerer, membre de la Société de sociologie de Paris, est ainsi au service d'une " construction idéologique " à l'instar de " l'analyse logique et dialectique " du psychologue James Baldwin qui s'échoue dans une " construction " personnelle et subjective. Pareil soupçon quant à l'usage de la dialectique s'exprime aussi à l'encontre du philosophe Berthelot. Sa " discussion qu'il est difficile de résumer est ingénieuse, subtile, souvent pénétrante quoique cela ait souvent un air un peu dialectique et même parfois scolastique ".

La logique formelle, le ton, l'expression scientifique et personnel ne suffisent cependant pas, il faut de la substance et de l'originalité quant au fond. Dans le rapport sur *Le Crime devant la science* du médecin en chef des Asiles publics d'aliénés Paul Wahl, Durkheim précise sa position : " il fait preuve d'un esprit judicieux et modéré, mais son livre n'ajoute rien aux innombrables ouvrages où les mêmes sujets sont étudiés d'un même point de vue ". Durkheim est particulièrement attentif à la valeur heuristique et à la qualité des résultats publiés. Il s'attache ainsi à l'originalité des conceptualisations, au développement critique des théories antérieurement formulées[66]. Le rapport sur l'ouvrage que Dubuisson consacre à Auguste Comte est symptomatique : " on ne saurait s'attendre à trouver dans ce livre rien de bien nouveau ni d'original. On peut même dire que toute originalité est bannie *a priori*. Les idées comtistes y sont reprises, analysées, développées, mais sans que rien d'important y soit ajouté ". De même, on lira avec intérêt le rapport sur *La morale de l'ironie* de Frédéric Paulhan pour mieux comprendre ce qu'est un ouvrage scientifique selon Durkheim. Il souligne que la démonstration scientifique doit exposer une thèse précise sur un sujet délimité. De plus, la thèse doit être soutenue soit par des " données historiques, ethnographiques, statistiques, etc. "[67], soit par une conceptualisation originale de l'auteur après confrontation avec " les conceptions différentes qui ont tenu quelque place dans l'histoire des idées ". Aussi, " en dehors du contrôle par ces faits ou par les opinions des devanciers, il n'y a plus de possible que des dissertations, des méditations intérieures […] qui ne peuvent être considérées comme des œuvres de science "[68].

L'exigence scientifique du rapporteur Durkheim paraît à elle seule exclure de la souscription les ouvrages de vulgarisation scientifique. Pareils ouvrages, destinés à un public élargi ou profane, sont disqualifiés si la vulgarisation des connaissances se réalise au détriment de l'apport scientifique. Dans le rapport sur Ernst Häckel, Durkheim précise: " Ces conférences populaires n'ajoutent rien aux ouvrages proprement scientifiques de l'auteur dont elles ne font que vulgariser les conclusions ". La souscription est de même refusée à l'ouvrage de David-Neel qui se présente explicitement comme un ouvrage de vulgarisation dont le rapporteur reconnaît les qualités ; cet ouvrage n'enrichit cependant pas les résultats déjà obtenus, notamment par Hermann Oldenberg dans *Le Bouddha*[69]. Cette disqualification des vulgarisations se retrouve également dans les jugements du rapporteur sur les auteurs et leurs collections, telle la " Bibliothèque de philosophie scientifique " de Gustave Le Bon[70]. Durkheim refuse enfin une souscription à son ancien collègue Gaston Richard parce que " malgré un certain appareil extérieur, le livre appartient à une bibliothèque de vulgarisation et ne serait-ce que pour cette raison, il ne paraît pas qu'il y ait lieu d'y souscrire ". L'ensemble des critiques à l'égard des ouvrages de vulgarisation n'entre cependant pas en contradiction avec l'objectif du Comité consistant à encourager la diffusion du savoir. Comme le signale incidemment le rapport d'Octave Gréard sur *De la division du travail social* de Durkheim : " Cette très sérieuse étude n'est pas faite pour se vulgariser aisément d'elle-même. Elle mérite, à ce titre, d'être encouragée par une subvention qui la mette, dans les bibliothèques, à la portée des lecteurs auxquels elle s'adresse ".

Au terme de cette présentation nous espérons avoir montré que la longue carrière d'Émile Durkheim au sein de la Section des sciences économiques et sociales du Comité des travaux historiques et scientifiques n'est pas sans intérêt historique. Peu connue, la Section mériterait à elle seule une étude plus approfondie susceptible d'enrichir la connaissance de l'histoire des sciences sociales en France. La participation de Durkheim aux séances de travail de cette section le met en relation avec une trentaine d'individus dont les noms sont rarement associés à l'équipe des travailleurs liés à *L'Année sociologique*. Il serait intéressant de poursuivre plus avant cette piste de recherche ouverte sur la diversité des contacts noués au sein du CTHS. En effet, l'investissement de Durkheim dans les activités de la Section n'est pas négligeable. Régulièrement présent durant les quatre premières années qui suivent sa nomination (fin 1903-1908), il s'absente plus particulièrement de 1909 à 1913 avant de retrouver le chemin de la Section au début de la guerre et jusqu'à sa mort ; cette assistance en pointillé aux réunions de la Section ne l'empêchant pas de produire régulièrement les rapports de souscription à destination du Ministère de l'Instruction publique. De plus, il ne cesse d'asseoir son autorité sur la Section : en accédant aux fonctions de vice-président en 1913, il est en position de proposer une enquête sur le folklore français (1914-1915) et de promouvoir la mise en place du Comité d'étude de l'Afrique occidentale française (1916).

Notre étude nous a conduit à rassembler en un corpus de " textes " l'ensemble inédit des rapports de souscription signés Durkheim ; ensemble qui, rapporté aux " analyses ", " notes critiques ", participe selon nous d'une meilleure connaissance de son œuvre. Une première analyse de ce corpus fondée sur la distinction introduite par Durkheim entre les " considérants " et les " conclusions " nous a permis de faire le départ entre ce qui, dans ces rapports, relève des critères d'évaluation *en comité* de l'usage personnel de ces critères par le rapporteur. Nous avons pu ainsi montrer que Durkheim, dans l'exercice de ses fonctions officielles, se réfère à un canon de scientificité et d'érudition qui constitue un dispositif théorique et un mode de lecture utile à l'appréciation des ouvrages candidats à une souscription ministérielle. Leur originalité, leurs qualités scientifiques et éditoriales y sont aussi en jeu dans la mesure où le rapporteur exige des auteurs une grande fermeté de pensée *et* une clarté d'expression, le fond *et* la forme. Notre choix final de regrouper et d'éditer les rapports suivant leurs conclusions (négatives / positives) devrait permettre d'éprouver nos analyses en faisant ressortir, par contraste, la cohérence des " considérants " où se motivent les " conclusions " et où, selon nous, se retrouve la marque particulière du rapporteur Durkheim. Restent possibles d'autres analyses susceptibles de proposer d'autres regroupements[71]. Nous espérons enfin que notre travail soit reçu comme une invitation à une étude plus approfondie des ouvrages examinés par Durkheim qui pourraient être considérés dans leurs rapports au programme scientifique du philosophe et sociologue.

NOTES

1. Allocution de Ch. Lyon-Caen, "Séance du mercredi 21 novembre 1917", *Bulletin du CTHS, Section des sciences économiques et sociales, Séances et rapports*, années 1916-1917, Paris, Imprimerie nationale, 1918, p. 58-59.

2. L'arrêté du 12 mars 1883 modifie et actualise les arrêtés des 18 juillet 1834, 10 janvier 1835, 18 décembre 1837, 30 août 1840, 5 septembre 1848, 14 septembre 1852, 22 février 1858, 21 février 1874, 5 mars 1881 et 30 juin 1881 relatifs à la création et à l'organisation des Comités historiques institués près le Ministère de l'instruction publique et des beaux-arts. On trouvera un aperçu de cette histoire administrative complexe dans Marie-Elizabeth Antoine, 1977, " Un service pionnier au XIXe siècle : le Bureau des Travaux Historiques ", *Bulletin de la Section d'histoire moderne et contemporaine. Orientations de recherche*, Fascicule 10, Paris, Bibliothèque nationale, p. 5-72.

3. *Bulletin du CTHS, Section des sciences économiques et sociales, Séances et rapports*, Paris, Imprimerie nationale, 1883, p. IX-XV

4. *Ibid.*, p. XI

5. *Bulletin du CTHS, Section des sciences économiques et sociales, Séances et rapports*, année 1898, Paris, Imprimerie nationale, 1899, p. 73.

6. CARAN – F17/17131, procès-verbaux de la Commission centrale du CTHS, Séances du 17 janvier et 9 mars 1912.

7. Parmi les vingt-deux premiers membres de la Section, l'on trouve Léon Aucoc, Henri Joseph Léon Baudrillart, Émile Boutmy, Édouard Charton, Jean Gustave Courcelle-Seneuil, Alfred de Foville, Ernest Glasson, Octave Gréard, Paul Leroy-Beaulieu, Émile Levasseur, Charles Lyon-Caen, Léon Say. Sur toutes ces personnes membres de l'Institut, voir Corinne Delmas, janvier 2000, *Les rapports du savoir et du pouvoir : l'Académie des sciences morales et politiques de*

1832 à 1914, Paris, Université de Paris, IX - Dauphine, thèse de science politique, multigr., 2 vol.

8. L'activité de Durkheim au sein de l'administration de l'Instruction publique est connue et reconnue comme importante. Sa carrière d'ancien élève de l'École normale supérieure devenu professeur agrégé de philosophie, envoyé en mission d'étude en Allemagne, chargé de cours puis professeur à l'Université est documentée par son dossier " personnel " ou, plus prosaïquement, par l'ensemble des pièces administratives décrivant l'état des services et les relations que le fonctionnaire entretient avec les bureaux de l'administration centrale (CARAN – F17/25768). S'agissant de pièces conservées pour justifier d'une pension de retraite, les fonctions exercées gratuitement ou à titre honorifique n'y sont pas mentionnées. C'est par exemple le cas de la longue activité de Durkheim au sein du CTHS.

Plus généralement, la participation de Durkheim à divers comités, commissions et sociétés ou associations a été soulignée par Georges Davy qui rappelait la " prodigieuse activité " de Durkheim jusqu'à la fin de sa vie. G. Davy, " Émile Durkheim. I. L'Homme ", *Revue de métaphysique et de morale*, t. 26 (2), 1919, p. 193. Ces remarques, reprises par Steven Lukes (1985 [1973], p. 554), ont été au point de départ d'études sur la participation de Durkheim à la Commission des étrangers au Ministère de l'Intérieur, au Comité français d'information et d'action auprès des juifs des pays neutres, au Comité de publication des études et documents sur la guerre, au Comité de publication des lettres à tous les Français. Resterait à approfondir ou à documenter la participation du sociologue au Comité consultatif de l'enseignement supérieur, à la Fraternité franco-américaine, aux Pupilles de l'école publique, à la Ligue républicaine d'Alsace-Lorraine, à la Société des amis de Jean Jaurès, au Congrès international pour la protection légale des travailleurs, à la Société pour le rapprochement universitaire, à la Société d'économie politique et, très proche du Comité des travaux historiques et scientifiques, au Comité d'étude sur l'Afrique occidentale française.

9. " Séance du mercredi 17 juin 1903 ", *Bulletin du CTHS, Section des sciences économiques et sociales, Séances et rapports*, année 1903, Paris, Imprimerie nationale, 1904, p. 18 et CARAN – F17/2833, décret de nomination d'Émile Durkheim au CTHS-SSES (Paris, le 25 juin 1903) signé J. Chaumié ; lettres de d'Émile Durkheim au Ministre de l'Instruction Publique et des Beaux-Arts (Paris, le 6 juillet 1903) et au Directeur de l'Enseignement Supérieur (Paris, le 6 juillet 1903). Nous n'avons trouvé trace ni de l'élaboration d'une liste de candidats, ni des circonstances précises dans lesquelles Durkheim a été nommé. En revanche, nous savons que le Docteur Arthur Chervin, nommé à la même date, avait postulé dès 1901 ; ce dernier dit dans une lettre vouloir " faire les visites nécessaires au succès de ma candidature " après s'être assuré " au cours d'une audience avec M. Liard " que celui-ci " voterait " pour lui dès qu'une place se libérerait. CARAN – F17/2833, lettre de Chervin à " Cher Monsieur ", Paris, le 30 novembre 1901.

10. Les membres absents n'étant que rarement excusés et le titre de membre titulaire étant perpétuel - il ne se perd qu'en cas de démission ou de décès (art. XI) - nous avons reconstitué la liste des titulaires absents de la séance du 15 juillet 1903 en croisant, après dépouillement de l'intégralité des procès-verbaux de la Section, les dates de nomination et les dates de décès ou démission de chacun. Il en résulte la liste suivante : Léon Aucoc (nommé en 1883), Gustave Bienaymé (1897), Émile Boutmy (1883), Ferdinand Buisson (1897), Alphonse Darlu (1895), Théophile Ducrocq (1892), Adhémar Esmein (1901), Jacques Flach (1883), Alfred de Foville (1883), Ernest Glasson (1883), Paul Leroy-Beaulieu (1883), Émile Levasseur (1883), Alfred Muteau (1901), Frédéric Passy (1883) et Georges Picot (1883). Notons que l'absentéisme et le vieillissement des membres sont des données structurelles du fonctionnement ordinaire de la Section.

11. Nous indiquons pour chacun des membres présents leur profession principale en 1904.

12. La diversité des affiliations associatives des membres de la SSES a été récemment soulignée par Antoine Savoye, 1999, " Les paroles et les actes : les dirigeants de la Société d'économie sociale 1883-1914 ", in Ch. Topalov (dir.), *Laboratoires du nouveau siècle. La nébuleuse réformatrice et ses réseaux en France, 1880-1914*, Ed. de l'École des hautes études en sciences sociales, p. 86, note 24. Victor Karady avait pointé dès 1976 l'importance de ces sociétés savantes pour comprendre l'institutionnalisation de la sociologie : " L'activité et les fonctions sociales des sociétés savantes - elles-mêmes très hiérarchisées suivant leur type de préoccupations plus ou moins érudites ou dilettantes (d'après une définition académique opératoire du dilettantisme : degré de reconnaissance par l'Institut et les instances de consécration supérieures) - sont mal connues et peu étudiées ", V. Karady, 1976, " Durkheim, les sciences sociales et l'Université : bilan d'un semi-échec ", *Revue française de sociologie*, 27 (2), p. 290 n.1

13. Le nom de Durkheim ayant été vraisemblablement écorché puisque transcrit par " Durckheim ". Cette erreur est répétée le 18 novembre suivant avant d'être rectifiée le 16 décembre 1903. " Séance du mercredi 18 novembre 1903 " et " Séance du mercredi 16 décembre 1903 ", *Bulletin du CTHS, Section des sciences économiques et sociales, Séances et rapports*, année 1903, Paris, Imprimerie nationale, 1904, p. 54 et 77.

14. Le nom des rapporteurs désignés n'est jamais indiqué par les procès-verbaux publiés dans le bulletin (*cf. supra*) ; il faut se reporter aux archives pour identifier les auteurs des rapports de souscription. Celui sur *La morale et la science des mœurs* (Alcan, 1903) est signé Durkheim ; daté du 17 novembre 1904, c'est le premier que nous lui connaissons. Par suite de l'avis favorable du rapporteur, le 2e bureau de la Direction de l'enseignement supérieur a souscrit à 40 exemplaires de l'ouvrage de Lévy-Bruhl pour un montant total de 134 francs. CARAN – F17/13487, arrêté du 3 mai 1904.

15. É. Durkheim, avec R. Worms, *et al*. " Séance du jeudi 19 avril 1906, soir ", Congrès national des Sociétés savantes, Paris, 17-21 avril

Durkheim au CTHS

1906, *Bulletin du CTHS, Section des sciences économiques et sociales, Congrès de 1906*, Paris, Imprimerie nationale, 1907, p. 199-201, repris dans É. Durkheim, " [débat sur les rapports de l'ethnologie et la sociologie] ", *Textes*, vol. I, *Éléments d'une théorie sociale*, V. Karady (dir.), Paris, Minuit, 1975, p. 256-258 et dans É. Durkheim, 1982, *The Rules of Sociological Method and Selected Texts on Sociology and its Method*, introd. et édité par S. Lukes, trad. W. D. Halls, Londres, Macmillan, p. 209-210

16. Composé de sept questions en 1883, ce programme s'est enrichi et étoffé chaque année des propositions des différentes sociétés savantes et associations réformatrices. On compte en 1905 une vingtaine de questions au programme du congrès qui ensemble balayent les divers domaines d'études des sciences économiques et sociales de l'époque et qui, à ce titre, demanderaient à être étudiées précisément. Les archives des congrès sont conservées aux CARAN sous les cotes F17/3042 à F17/3089.

    Parmi les sociétés savantes qui ont proposé des questions à inscrire au programme des Congrès annuels pour la partie concernant les sciences économiques et sociales, nous relevons : l'Association française pour l'avancement des sciences, la Société d'anthropologie, la Société d'économie politique de Paris, la Société d'économie sociale, la Société d'ethnographie, la Société de l'enseignement supérieur, la Société de l'histoire de la Révolution, la Société de législation comparée, la Société de sociologie de Paris, la Société de statistiques de Paris, la Société des études historiques, la Société pour l'étude des questions d'enseignement secondaire. Nous sommes loin de disposer du minimum de monographies qui permettrait d'esquisser une vue d'ensemble de cette nébuleuse associative constitutive du monde des sciences économiques et sociales sous la Troisième République.

17. CARAN – F17/3084, 44e Congrès des sociétés savantes (1906), Lettre du président de la Société de Sociologie de Paris à Monsieur Le Ministre, Paris, le 20 juin 1905. Cette question mise au programme de 1906 vient se substituer à celle de 1905 portant sur la distinction et les rapports de la sociologie et de la science politique,

question proposée en 1905 par la Société de législation comparée. Comme l'a souligné Roger L. Geiger, les nombreux articles publiés par Worms dans la *Revue internationale de sociologie* qu'il dirige traitent essentiellement de la constitution de la sociologie en discipline et de ses relations avec les autres sciences sociales. *Cf.* Roger L. Geiger, 1981, " René Worms, l'organicisme et l'organisation de la sociologie ", *Revue française de sociologie*, 22 (3), p. 353. Les questions mises annuellement au programme des congrès des sociétés savantes par la Société de sociologie de Paris participent très directement de cette stratégie disciplinaire.

18. É. Durkheim, " [débat sur les rapports de l'ethnologie et la sociologie] ", *Textes*, vol. I, *Éléments d'une théorie sociale*, V. Karady (dir.), Paris, Minuit, 1975, p. 257.

19. Pour une description d'ensemble du monde de la statistique sociale en France au moment de son institutionnalisation sous le Second Empire, voir Libby Schweber, 1997, " L'échec de la démographie en France au XIXe siècle ", *Genèses*, 29, p. 5-28 et notamment page 9 où l'inscription sociale de la discipline est figurée à l'intersection des mondes des académies, des sociétés savantes et des bureaux administratifs du ministère de l'Intérieur.

20. François Simiand qui appelait en 1904 à une science économique positive fut très critique à l'encontre des prétendues " sociétés savantes " qui ont introduit ces deux questions (6 et 16) au programme du Congrès d'avril 1904. *Cf.* " Notes de Méthode ", *Notes critiques - Sciences sociales*, 5e année, n° 31 (nouvelle série), janvier 1904, p. 1-5.

21. Christian Topalov (ed.), 1999, *Laboratoires du nouveau siècle : la nébuleuse réformatrice et ses réseaux en France, 1880-1914*, Paris, éditions de l'École des hautes études en sciences sociales, 575 p.

22. " Séance du mercredi 19 juillet 1916 ", *Bulletin du CTHS, Section des sciences économiques et sociales, Séances et rapports*, années 1916-1917, Paris, Imprimerie nationale, 1918, p. 16.

23. " Séance du mercredi 17 février 1904 ", *Bulletin du CTHS, Section des sciences économiques et sociales, Séances et rapports*, année 1904, Paris, Imprimerie nationale, 1905, p. 8. Le projet d'enquête monographique, présenté par Cheysson lors de la séance du 16 avril 1902, n'est évidemment pas étranger aux préoccupations leplaysiennes de bon nombre de membres de la SESS, tels Glasson, des Cilleuils, Cheysson et Juglar. Voir Antoine Savoye, " La monographie sociologique : jalons pour son histoire (1855-1974) ", *Les études sociales*, 131-132, 2000, p. 11-46.

24. " Séance du mercredi 16 décembre 1903 ", *Bulletin du CTHS, Section des sciences économiques et sociales, Séances et rapports*, année 1903, Paris, Imprimerie nationale, 1904, p. 79 et " Séance du mercredi 17 février 1904 ", *Bulletin du CTHS, Section des sciences économiques et sociales, Séances et rapports*, année 1904, Paris, Imprimerie nationale, 1905, p. 8.

25. " Séance du mercredi 17 juin 1914 ", *Bulletin du CTHS, Section des sciences économiques et sociales, Séances et rapports*, années 1913-1915, Paris, Imprimerie nationale, 1916, p. 59-60. La réactualisation de l'enquête de Levasseur est proposée par Alfred Neymarck, lui aussi membre de la Société de statistique de Paris.

26. " Séance du mercredi 21 avril 1915 ", *Bulletin du CTHS, Section des sciences économiques et sociales, Séances et rapports*, années 1913-1915, Paris, Imprimerie nationale, 1916, p. 71.

27. " Séance du mercredi 16 juin 1915 " et " Séance du mercredi 17 novembre 1915 ", *Bulletin du CTHS, Sections des sciences économiques et sociales, Séances et rapports*, années 1913-1914-1915, Paris, Imprimerie nationale, 1916, p. 75-76 et 78.

28. " Séance du mercredi 19 juillet 1916 ", *Bulletin du CTHS, Section des sciences économiques et sociales, Séances et rapports*, année 1916, Paris, Imprimerie nationale, 1917, p. 16. Dans une lettre à Mauss sans date, mais selon nous vraisemblablement de 1915-1916, Durkheim mentionne le Comité de l'Afrique occidentale ainsi qu'un

financement de quatre mille francs au moins pour une " publication projetée ". *Lettres à Marcel Mauss, op. cit.,* p. 288.

29. Nous n'avons malheureusement retrouvé aucune autre trace du projet d'enquête sur le folklore. Resterait à regarder du côté du Comité de l'Afrique occidentale.

30. Ces rapports de souscription sont produits au sein des différentes sections du CTHS depuis une décision de 1889 de la Commission centrale du dit Comité, visant à ce que les Sections présentent mensuellement " des rapports sur les principaux ouvrages adressés au Ministère ", " Séance du mercredi 27 novembre 1889 ", *Bulletin du CTHS, Section des sciences économiques et sociales, Séances et rapports,* année 1889, Paris, Imprimerie nationale,1890, p. 107. Un sondage sur deux des soixante-sept cartons dans lesquels sont archivés ces rapports permet d'estimer à 5800 leur nombre total.

31. Avant même d'être distribués lors des séances, les ouvrages reçus par le Ministère font l'objet d'un premier tri visant à leur répartition entre les différentes sections du CTHS. Le rapport de Durkheim sur l'ouvrage de Paracelse précise que celui-ci " aurait été mieux adressé à la section des sciences ".

32. Une partie des arrêtés de souscription se retrouve classée par maisons d'éditions sous la côte CARAN – F17/13487.

33. Deux cartons, CARAN – F17/13468 et 13469, regroupent les ouvrages collectifs, anonymes et divers.

34. Nous éditons ces rapports dans la seconde partie à laquelle nous renvoyons en indiquant simplement le nom du rapporteur et la date du rapport cité.

35. Georges Renard, 1907, *Le socialisme à l'œuvre, ce qu'on a fait, ce qu'on peut faire,* en collaboration avec Aimé Berthod, Georges Fréville, Adolphe Landry, Paul Mantoux, François Simiand, Paris, E. Cornély, vii-493 p. ; " Séance du mercredi 17 juillet 1907 ", *Bulletin*

du CTHS, Section des sciences économiques et sociales, Séances et rapports, année 1907, Paris, Imprimerie nationale, 1908, p. 45-48.

36. Si Durkheim retient là l'opposition classique entre ouvrage scientifique et ouvrage de propagande – *congregatio de propaganda fide* (" pour propager la foi "), cette distinction sera pour lui beaucoup plus floue pendant la guerre. Auteur en 1914-1917 de " tracts " et brochures pour le Comité de publication des études et documents sur la guerre, il écrit durant l'hiver 1914 à Roberto Michels que ces publications à visée propagandiste " sont des travaux scientifiques objectifs ". Lettre de Durkheim à Michels, 21 décembre 1914, *Études durkheimiennes*, (Paris), 11, 1985, p. 8. *Cf.* Jennifer Mergy, 2001, " La propagande : la nation pensée sur le vif ", *Nations et nationalismes : Durkheim et les durkheimiens. De la question de l'Alsace-Lorraine à la Société des Nations*, Paris, Université de Paris IX – Dauphine, thèse de doctorat, multigr., chap. VI, p. 461 sq.

37. École des hautes études sociales, 1909, *Le droit de grève*, leçons professées par MM. Charles Gide, H. Berthélemy, Paul Bureau, A. Keufer, C. Perreau, Ch. Picquenard, A.-E. Sayous, François Fagnot, Emile Vandervelde, Paris, F. Alcan, " Bibliothèque générale des sciences sociales ", x-270 p. Cf. Christophe Prochasson ; 1985, " Sur l'environnement intellectuel de Georges Sorel : l'École des hautes études sociales ", *Cahiers Georges Sorel*, 3, p. 16-38.

38. Il s'agit de la conférence de Vandervelde, alors député au Parlement de Belgique, intitulée " La grève générale ", in *Le droit de grève…*, op. cit., chapitre IX, p. 233-267. À la lecture de cette conférence qui expose la place de la grève générale dans la pensée politique des différents courants et fractions du mouvement ouvrier (syndicalistes et socialistes), nous ne relevons qu'une seule prise de position normative de l'auteur : " S'il nous fallait choisir entre un mouvement ouvrier purement politique, électoral, égalitaire, et un mouvement ouvrier purement syndicaliste, grève-généraliste, révolutionnaire, nous serions sans hésiter du côté des syndicalistes. " (p. 260). Nous n'avons pas retrouvé le rapport de Seligman dans le carton CARAN – F/17/13468, ouvrages anonymes et collectifs.

39. " Séance du mercredi 17 novembre 1909 ", *Bulletin du CTHS, Section des sciences économiques et sociales, Séances et rapports*, année 1909, Paris, Imprimerie nationale, 1910, p. 67-68.

40. Selon nous, l'expression " question d'espèce " doit être entendue comme " cas d'espèce ". Le contexte de la discussion portant sur un point litigieux sur lequel il s'agit de statuer, tout comme la formation juridique et l'expérience professionnelle du locuteur (faculté de droit de Paris puis École nationale d'administration de 1848 ; inscription au barreau et nomination au conseil d'État), nous semble déterminer l'acception jurisprudentielle. Comme l'écrit en 1905 Charles Maurras dans *L'avenir de l'intelligence* : " Un juriste dirait : voilà des 'espèces'. Un casuiste : des 'cas' ", cité par le *Trésor de la langue française. Dictionnaire de la langue du XIXe et du XXe siècle*, tome 8, Paris, CNRS, 1980, p. 136.

41. On retrouve pareilles positions des membres de la SESS en pleine guerre, dans l'échange suivant à propos de l'ouvrage de Henry Leyret, *Le président de la République, son rôle, ses droits, ses devoirs*, Paris, A. Colin, 1913. : " M. DARLU fait observer que cet ouvrage ne paraît pas justifier une souscription : c'est un ouvrage présentant un caractère de polémique politique. M. SELIGMAN n'est pas de cet avis. S'il y a une analyse du rôle politique du Président de la République, il est certain qu'il y a également dans l'ouvrage un côté littéraire et que l'ouvrage peut être placé utilement dans les bibliothèques ". " Séance du 15 janvier 1915 ", *Bulletin du CTHS, Section des sciences économiques et sociales, Séances et rapports*, années 1913-1914-1915, Paris, Imprimerie nationale, 1916, p. 68.

42. A. Giddens, 1970, " Durkheim as a Review Critic ", *The Sociological Review*, vol. 18, n° 2, p. 171 et, É. Durkheim, 1898, " Préface ", *Année Sociologique*, vol. I, in *Journal sociologique*, Paris, Presses universitaires de France, 1969, p. 34-36.

43. Nous reprenons ici la notion forgée par Philippe Besnard, 1979, " La formation de l'équipe de l'*Année sociologique* ", *Revue française de sociologie*, 20 (1), p. 7-31. Sur la place des comptes

rendus au sein de cette équipe, voir également Bertrand Müller, 1993, " Critique bibliographique et stratégie disciplinaire dans la sociologie durkheimienne ", *Regards sociologiques*, 5, p. 9-23 ainsi que Robert Parkin, 1996, " Hertz As Reviewer and Pamphleteer ", *The Dark Side of Humanity : the Work of Robert Hertz and his Legacy*, Amsterdam, Harwood Academic Publications, chap. 3, p. 37.

44. Selon la formule désillusionnée d'Hubert Bourgin, 1938, *De Jaurés à Léon Blum. L'École normale et la politique*, Paris, Arthème Fayard, p. 118.

45. Lucien Herr, 1901, note critique n° 846 sur "*L'Année sociologique*", *Notes critiques – Sciences sociales*, 2ᵉ année, n° 5, 25 mai, p. 130. Selon Herr, cette partie, parce que collective, est la plus importante : " La sociologie a aujourd'hui assez conscience d'elle-même pour définir avec précision l'usage scientifique qu'elle fait des résultats qu'elle emprunte aux autres disciplines scientifiques, — en d'autres termes, pour dire avec précision dans quelle mesure elle découvre, dans quelle mesure elle critique, utilise et adapte, — en un mot pour dire jusqu'à quel point elle est science, et à quel point elle est philosophie ". L. Herr, 1902, note critiques n° 1281; " *L'Année sociologique* ", *Notes critiques – Sciences sociales,* 3ᵉ année, n° 18 (nouvelle série), octobre, p. 226.

46. F. Simiand, 1905, analyse sur E. Rignano. En ce sens, Durkheim rappelle à son neveu l'essentiel : ne pas " fignoler des vues ingénieuses, mais d'analyser l'ouvrage " sans vouloir " faire une révolution dans la science ". Lettres de Durkheim à Mauss, [novembre 1897] p. 88, [janvier 1900], p. 245, [janvier 1902] p. 307, [février 1902] p. 314 et p. 317. Voir aussi la " Préface " de Durkheim, 1910, *L'Année sociologique*, vol. XI, p. I-III, repris in *Journal sociologique*, p. 626., *Un socialisme en harmonie avec la doctrine économique libérale* (Paris, 1904), *L'Année sociologique*, vol. VIII, p. 536-537.

47. M. Mauss, 1924, intervention à la suite d'une communication d'A. Aftalion, " Les fondements du socialisme ", *Bulletin de la Société*

française de philosophie, 24, p. 10, repris dans M. Mauss, 1969, *Œuvres*, vol. III, Paris, Minuit, p. 637. Voir les chapitres II et III de E. Rignano, *Un socialisme en harmonie avec la doctrine économique libérale*, p. 16-79. En s'opposant à la notion de justice chez Spencer et les darwinistes, l'auteur propose que l'État mette en œuvre un système de *prélèvements*, et non d'*impôts*, de droits sur les successions, proportionnels ou progressifs. Ce système permettrait de répondre au principe d'équité en assurant de meilleures conditions initiales dans la lutte économique pour la vie par le biais d'une nationalisation des moyens de production, mesure qui ne porterait pas atteinte à la " plus grande somme de bien être collectif ". En ce sens, le rôle de l'État est fondamental : " L'État recevrait en qualité de cohéritier des sommes destinées à devenir une propriété collective ". *Id.*, p. 34 note 1.

48. Note critique de F. Simiand, 1903, *Notes critiques – Sciences sociales,* 4ᵉ année, n° 26 (nouvelle série), juin, notice 166, p. 165-166.

49. É. Durkheim, 1904, analyse de L. Lévy-Bruhl, *La morale et la science des mœurs*, *L'Année sociologique*, vol. VII, p. 380-384.

50. Lettre de Durkheim à Mauss, Bordeaux, déc. 1901-janv. 1902, *Lettres à Marcel Mauss*, présent. Ph. Besnard, M. Fournier, Paris, Presses universitaires de France, 1998, p. 305 et note 1. *Cf.* M. Mauss, 1902, analyse de E. Murisier, *Les maladies du sentiment religieux* (Paris, 1901), in *L'Année sociologique*, vol. V, p. 197-199. M. Mauss, 1902, analyse de A. Borchert, *Der Animismus oder Ursprung und Entwicklung der Religion aus dem Seelen-, Abnen- und Geisterkult* (Fribourg, 1900), *L'Année sociologique*, vol. V, p. 200-203.

51. É. Durkheim, 1898, " Préface ", *Année sociologique*, vol. I, in *Journal sociologique*, Paris, Presses universitaires de France, 1969, p. 34-36.

52. [F. Simiand, secrétaire de la rédaction], [avertissement], *Notes critiques – Sciences sociales, 1900*, 1ʳᵉ année, n° 1, 10 janvier 1900, p. 1. Sur la spécificité des Notes critiques, voir J. Mergy, 1998, " On Durkheim and Notes Critiques ", *Études durkheimiennes* (Oxford), vol. 4, p. 1-7.

Durkheim au CTHS

53. Au sens de Jürgen Habermas, " Préface à l'édition de 1990 ", *L'espace public. Archéologie de la publicité comme dimension constitutive de la société bourgeoise*, trad. de Marc de Launay, Paris, Payot, " Critique de la politique ", 1992, p. I-XXXV

54. Cette opération se réalise à l'époque par la décision de publier et de transformer un rapport de souscription en un compte rendu inséré dans le *Bulletin* de la Section. Les rares rapports publiés que nous connaissons ont été expurgés de la conclusion relative à la souscription ; par exemple celui de Durkheim sur l'ouvrage de Victor Basch (1904). L'éditeur a simplement supprimé la fin de la phrase de conclusion : " et qui nous paraît mériter de tous points les honneurs d'une souscription ".

55. Voir de rapport de l'ouvrage de Häckel, CARAN – F17/13432. Voir de rapport de l'ouvrage de Stein, CARAN – F17/13462.

56. Raoul de Saint-Arroman, intervention à la séance du mercredi 17 novembre 1909, *Bulletin du CTHS, Section des sciences économiques et sociales, Séances et rapports*, année 1909, Paris, Imprimerie nationale, 1910, p. 67-68. Durkheim assistait à cette séance, de même qu'il fut présent lorsque Saint-Arroman précisa lors d'une séance précédente " que les souscriptions sont parfois subordonnées à des considérations financières absolument étrangères aux questions de principe ". " Séance du mercredi 17 juillet 1907 ", *Bulletin du CTHS, Section des sciences économiques et sociales, Séances et rapports*, année 1907, Paris, Imprimerie nationale, 1908, p. 48.

57. Valérie Tesnière, 2001, " Félix Alcan ", in *Le Quadrige. Un siècle d'édition universitaire 1860-1968*, Paris, Presses universitaires de France, chapitre 3.

58. Il convient à ce point de s'arrêter brièvement sur l'acception proprement durkheimienne du terme " scientifique " qui s'oppose généralement à " philosophique " et " littéraire ". Durkheim note par exemple que l'ouvrage de Dromard est plus littéraire que scientifique. En ce sens, l'acception de " scientifique " utilisée par Durkheim se

rapproche de la définition de "scientifique" et celle de "esprit scientifique" de la Société française de philosophie dont il membre. (§C : scientifique s'oppose à *philosophique, littéraire, moral, social*.. Quant à " esprit scientifique ", selon le *Dictionnaire*, il se dit le plus souvent, en un sens général et favorable, de l'esprit de l'ordre, de clarté, du besoin de vérification précise et contrôlée. *cf.* A. Lalande, 1902-1923, *Vocabulaire technique et critique de la philosophie* (1902-1923), vol. II, Presses universitaires de France, 1999, p. 960). Or, Durkheim n'oppose pas " social " et " moral " à " scientifique ", c'est précisément ce qui a fait l'originalité de sa pensée. L'exemple de cette complicité parfois mal connue de ses contemporains entre " moral " et " scientifique " est exposé dans le rapport sur Lévy-Bruhl. Lire aussi le rapport de Durkheim sur Gustave Rodrigues, *Le problème de l'action. La pratique morale*, (1909). L'étude de la morale illustre comment dans la sociologie durkheimienne une démarche scientifique et prétendument objective s'efforce de connaître et d'expliquer ce qui *est*, y compris les faits sociaux d'ordre subjectif (morale, religion). La démarche scientifique de l'équipe durkheimienne consiste à étudier scientifiquement ce qui relève du normatif tout en récusant l'idée de prévoir ou de prescrire. Toute la différence réside dans le fait que les résultats de cette démarche peuvent être utiles et permettent d'établir des normes, mais la science " n'est pas normative par elle-même " (rapport sur Lévy-Bruhl).

59. Un manque de rapport entre le titre et le contenu du travail semble caractériser selon Durkheim les ouvrages de Dugas, Stein, Cochin, Richard et Hébert. Voir aussi les rapports sur Bohn et Maxwell.

60. Durkheim relève un manque d'unité chez Cochin, Dugas et Michels.

61. Rapports sur Berthelot, Hébert, Péladan et Rignano.

62. Rapport sur Renard.

63. Rapports sur Bohn, Berry, Le Dantec et *L'éducation*...de Dugas.

64. Rapports sur Cochin, Dromard, Dugas et Hébert.

65. Rapports sur Cyon, Draghicesco et Whal.

66. Rapports sur Baldwin et Wilbois.

67. Durkheim partage ici le souci de s'appuyer sur des faits tel qu'il s'exprime dans l'*Instruction sommaire* publiée en 1883 comme manifeste de la Section des sciences économiques et sociales (*supra*). Voir aussi les rapports sur Basch, La Grasserie, Cochin, Wilbois.

68. Voir le rapport sur Paulhan.

69. L'ouvrage de Hermann Oldenberg, *Le Bouddha, sa vie, sa doctrine, sa communauté* (1881), traduite d'après la seconde édition par Alfred Foucher, est publié avec une préface de Sylvain Lévi, un proche de Durkheim. Paris, Alcan, 1894, VII-392 p.

70. Rapport sur l'ouvrage de Georges Bohn, *La naissance de l'Intelligence*. On peut aussi rappeler l'opinion de Durkheim en 1893 sur un autre sociologue de l'époque dont le succès commercial n'est pas contestable : " D'après ce que tu [Mauss] m'écris, [Alfred] Espinas t'aurait dit que si je ne donne pas mon article à la Revue de Worms ce serait par jalousie de ce dernier ! […] ce qui m'éloigne de cette revue c'est la réputation de farceur qu'a Worms, et que surtout je ne puis collaborer à une Revue dont le directeur n'a aucun titre scientifique. […] J'ai pourtant bien dit à Espinas que Worms avait eu sa thèse recalée à la Sorbonne, ce qui est une honte qui n'est pas infligée à tout le monde ". Il s'agit de la *Revue internationale de sociologie* fondée en 1893. À cette date Worms est agrégé de philosophie (1890) et obtient plus tard quatre doctorats : doctorat en droit (1891), en lettres (1896), en sciences politiques et économiques (1896) et en sciences naturelles (1912). Lettre de Durkheim à Marcel Mauss, Bordeaux, 18 juin 1894, *Lettres à Marcel Mauss*, présent. Philippe Besnard, Marcel Fournier, Paris, Presses universitaires de France, 1998, p. 35 et note 2. En revanche, l'étude de Théodule Ribot, *Essai sur les passions*, confirme la réputation scientifique de l'auteur, ce qui n'est pas le cas de *Discussions sociales d'hier et de demain* de Georges Renard dont la réputation est honorable, mais à cause de la nature même de son sujet

publicitaire, Durkheim estime qu'il "manque de tout caractère scientifique".

71. Nous pensons ici particulièrement à des regroupements thématiques susceptibles d'éclairer la diversité des domaines d'intérêt de Durkheim. Nous pouvons proposer, à titre indicatif, la liste suivante tirée du *Bulletin de la Société française de philosophie* qui publie de 1910 à 1913 une recension annuelle bibliographique des ouvrages parus. Durkheim participe à cette entreprise bibliographique qui fournit un cadre de classement encyclopédique ; les ouvrages publiés *durant ces années* et faisant l'objet d'un rapport de souscription s'y répartissent ainsi : Philosophie générale et théorie de la connaissance - Métaphysique et questions générales (n=5) ; Morale – Morale générale (n=3) ; Philosophie des sciences sociales - Philosophie sociale et sociologie générale (n=3) ; Philosophie religieuse (n=2) ; Psychologie - Psychologie comparée (n=2) ; Enseignement, éducation, pédagogie (n=1) ; Morale – Morale individuelle (n=1) ; Histoire de la philosophie - Philosophie moderne (n=1) ; Occultisme - Sciences occultes (théosophie ; magie) (n=1) ; Philosophie générale et théorie de la connaissance - Théorie de la connaissance (n=1) ; Psychologie – Psychologie [préciser] (n=1) ; Psychologie - Psychologie animale (n=1) ; Psychologie – Psychologie collective (n=1) ; Psychologie - Psychologie normale (n=1) et Sciences sociales - Questions politiques et sociales (n=1).

RAPPORTS DE SOUSCRIPTION ET AUTRES TEXTES

Émile Durkheim

Édités par

Jennifer Mergy   (dépouillements, transcriptions et édition)
Stéphane Baciocchi   (dépouillements)
Marie-France Essyad (transcriptions)

Conventions typographiques et annotations

1. Interventions de Durkheim

a) Le soulignement simple : exemple :
   - " <u>nous pensons qu'il y a lieu d'y souscrire</u> " (Durkheim souligne).

b) Lorsqu'ils apportent un éclaircissement sur le texte, nous gardons les mots ou phrases rayés par Durkheim, comme par exemple :
   - " les économistes dits ~~libéraux~~ [rayé] classiques ".

c) Les mots ou phrases surajoutés au-dessus de la ligne sont signalés par des séparateurs et placés en exposant. Il s'agit souvent d'une modification par Durkheim, vraisemblablement lors d'une relecture :
   - " a de /particulier et de/ distinctif " (ajout de Durkheim).

2. Interventions d'une autre main que celle de Durkheim
- repérables à l'usage d'un crayon bleu

Cette intervention nécessite une identification distincte dans la mesure où c'est ce même crayon bleu qui, pointant la conclusion du rapporteur, indique systématiquement en marge le nombre d'exemplaires auquel il convient de souscrire ainsi que la destination des exemplaires (bibliothèques municipales et universitaires). Nous l'avons rendu par un double soulignement. Par exemple :
- " <u>nous pensons qu'il y a lieu d'y souscrire</u> ".

3. Interventions d'une autre main - crayon, encre rouge / brune / noire

L'intervention est marquée en italiques, y compris les mots rajoutés dans le texte ; il s'agit de rendre plus intelligible le texte ou de corriger la grammaire, comme par exemple :
- " sentiment de joie ; *ou* [autre main, encre brune] que, nous ".

4. *Nos interventions sont toujours entre crochets*

a) Les passages omis parce qu'illisibles sont marqués par des crochets encadrant trois points de suspension - [...]

b) Les mots ou les passages dont la lecture est incertaine sont entre crochets avec un point d'interrogation - [?]

c) Les répétitions ont été corrigées. Les négligences orthographiques de Durkheim sont signalées par " [*sic*] " quant aux négligences grammaticales, elles sont corrigées et signalées entre crochets.

Pour chaque rapport de souscription, nous indiquons en note le numéro du carton d'archives où se trouve le manuscrit original suivi, lorsque nous avons pu les retrouver dans le *Bulletin*, des dates auxquelles l'ouvrage candidat à une souscription ministérielle 1. a été distribué 2. a fait l'objet d'une lecture devant les membres de la Section des sciences économiques et sociales. En outre, nous notons le titre de l'ouvrage original dans le cas des traductions.

51

Émile Durkheim

Avis négatifs

17 mars 1904	SPENCER, H. *Faits et commentaires*.
17 mars 1904	RIGNANO, E. *Un socialisme en harmonie avec la doctrine économique libérale*.
16 novembre 1904	DUGAS, L. *L'absolu*.
20 décembre 1905	HÉBERT, M. *L'évolution de la foi catholique*.
16 mai 1906	WARD, L. *Sociologie pure*.
15 mai 1907	PRAT, L. *Le caractère empirique de la personne*.
16 mai 1907	DRAGHICESCO, D. *Le problème de la conscience*.
17 juillet 1907	HÄCKEL, E. *Religion et évolution*.
17 juillet 1907	HÉBERT, M. *Le Divin*.
17 novembre 1909	PAULHAN, F. *La morale de l'ironie*.
20 avril 1910	SCHINZ, A. *Anti-pragmatisme*.
20 avril 1910	STEIN, L., *Le sens de l'existence*.
16 septembre 1910	RODRIGUES, G. *Le problème de l'action*.
16 novembre 1910	BOHN, G. *La naissance de l'Intelligence*.
16 novembre 1910	PELADAN, J. *La philosophie de Léonard de Vinci*.
16 novembre 1910	VASCHIDE, N. et MEUNIER, R. *La pathologie de l'attention*.
11 septembre 1911	DROMARD, G. *Les mensonges de la vie intérieure*.
15 novembre 1911	REGNAULT, F. *La genèse des miracles*.
15 novembre 1911	RENARD, G. *Discussions sociales d'hier et de demain*.
21 février 1912	CHACHOIN, L. *Les Religions*.
21 février 1912	WAHL, P. *Le crime devant la science*.
17 juillet 1912	BALDWIN, J. *Le darwinisme dans les sciences morales*.
19 février 1913	BALDWIN, J. *Psychologie et sociologie*.
19 février 1913	MAXWELL, J. *Psychologie sociale contemporaine*.
16 juillet 1913	LODGE, O. *La survivance humaine*.
19 novembre 1913	GRASSERIE, R. *De la Cosmosociologie*.
21 janvier 1914	COCHIN, D. *Descartes*.
21 janvier 1914	PARACELSE. *Œuvres complètes*.
25 février 1914	RÉMOND, A. et VOIVENEL, P. *Le génie littéraire*.
20 mai 1914	DAVID-NEEL, A. *Le modernisme bouddhique*.
17 juin 1914	RICHARD, G. *La question sociale et le mouvement philosophique au XIXe siècle*.
21 avril 1915	BERRY, G. et BERRY, J. *Le vagabondage et la mendicité*.
21 avril 1915	MICHELS, R. *Amour et chasteté. Essais sociologiques*.
16 juin 1915	SZERER, M. *La conception sociologique de la peine*.
17 novembre 1915	DUBUISSON, A. *Positivisme intégral*.

SPENCER, Herbert, *Faits et commentaires,* trad. de l'anglais par Auguste DIETRICH, Paris, Hachette, 1903, 1 vol. in-16°, VI-352 p. 3f5[1].

Avis : défavorable
17 mars 1904

Cet ouvrage est un recueil de notes sur les sujets les plus variés. Quarante questions sont successivement traitées dans ce petit volume d'un peu plus de 300 pages. Certaines, et assez nombreuses, se rapportent à l'esthétique (La corruption de la musique, le Style, l'Art barbare, etc.), d'autres à la politique (Gouvernement de parti, Impérialisme et servitude, etc.), d'autres à des questions [rayé] de morale ou à l'éducation. La plupart de ces études sont de quelques pages à peine. On y retrouve, appliquées à des cas particuliers, les principales idées de M. Spencer. D'un autre côté, la brièveté de ces notices ne permettait naturellement pas de leur donner un caractère scientifique. On peut donc penser que la traduction n'en était pas indispensable. En tout cas elle s'adresse plutôt aux hommes du monde qu'aux savants.

É. Durkheim

---

1. CARAN – F17/13462. Ouvrage distribué le 16 décembre 1903, rapport lu en comité le 16 mars 1904. Indication bibliographique sans commentaire, 1903, *Notes critiques - Sciences sociales,* 4e année, n° 29 (nouvelle série), novembre, notice 1102, p. 163. I. Sociologie en général. Auguste Dietrich est aussi le traducteur de l'ouvrage de Schopenhauer, *Parerga et Paralipomena* (ici même, p. 128).

Émile Durkheim

RIGNANO, Eugenio, *Un socialisme en harmonie avec la doctrine économique libérale*, trad. de *Di un socialismo in accordo colla dottrina economica liberale* (1901), Paris, V. Giard et E. Brière, " Bibliothèque sociologique internationale ", 1904, 1 vol. in-8°, VII-390 p. 7f^2.

Avis : défavorable
17 mars 1904

Cet ouvrage, traduit de l'italien est divisé en deux parties. C'est dans la première que se trouve exposé le socialisme de l'auteur. Elle est intéressante comme symptôme de l'effort fait par les théoriciens du socialisme pour renouveler les formules traditionnelles. Ainsi, avec les économistes dits libéraux [rayé] classiques, l'auteur reconnaît qu'il est nécessaire de stimuler le goût de l'épargne et l'accumulation des capitaux en ne retirant pas à l'individu tout droit de tester. Mais, d'un autre côté, il affirme, avec non moins d'énergie, que la conscience morale des peuples civilisés réclame, d'une manière de plus en plus pressante, que les conditions extérieures dans lesquelles se trouvent les hommes de chaque génération, au début de la vie, soient aussi parfaitement égales que possible. Il estime injuste, et d'une injustice qui contredit nos idées morales actuelles, que le seul fait de la naissance assure à certains individus des privilèges économiques. Pour concilier ces deux nécessités égales et opposées, il propose un système de prélèvements successifs sur les héritages, par exemple à la mort du testateur, l'Etat prélèverait 1/3 de la fortune, les 2/3 du reste à la mort du premier héritier et enfin, à la mort du

---

2. CARAN – F17/13456. Rapport lu en comité le 16 mars 1904. Note critique d'Édgard Milhaud, 1904, *Notes critiques - Sciences sociales*, 5e année, n° 31 (nouvelle série), janvier, notice 152, p. 31-33. VI. Études diverses. C. Socialisme. Analyse de François Simiand, 1905, *L'Année sociologique*, vol. VIII, p. 536-537. Cinquième Section : Sociologie économique, B. Science économique et doctrines sociales pratiques. [H. Bourgin, Simiand et G. Bourgin].

Rapports de souscription et autres textes

second le dernier tiers de ce même reste [accolade de Durkheim].³ Après avoir posé ce principe, l'auteur /en montre les applications et/ indique quelles modifications profondes elles détermineraient dans l'organisation de la société.

La seconde partie est formée de trois études indépendantes du sujet précédemment traité, ou qui du moins ne s'y rattachent qu'indirectement. La première, intitulée <u>De l'actuelle distribution des richesses</u>, a pour objet d'établir l'excessive inégalité de la répartition actuelle. La seconde distingue le socialisme du collectivisme. La troisième, enfin, est faite de généralités assez vagues sur la <u>Conscience collective prolétarienne en tant que facteur sociologique</u>.

Tout en rendant hommage à l'esprit critique dont fait parfois preuve l'auteur, au sentiment qu'il a de la complexité des questions, nous ne croyons pas qu'il y ait lieu de souscrire à un ouvrage où l'on n'a pas d'idées vraiment neuves et qui n'est pas sans contenir des parties assez faciles.

É. Durkheim

---

3. La phrase dans sa version originale se lit : " le dernier tiers de ce même reste à la mort du second ".

Émile Durkheim

DUGAS, Ludovic, *L'absolu, forme pathologique et normale de sentiments. L'entêtement, le fanatisme, l'ascétisme, la pudeur*, Paris, Félix Alcan, 1904, 1 vol. in-16°, 181 p. 2f50[4].

Avis : défavorable
16 novembre 1904

Sous ce titre, M. Dugas a réuni quatre études différentes sur l'entêtement, le fanatisme, l'ascétisme, la pudeur. Le lien qui réunit ces diverses monographies est, en réalité, assez lâche et c'est un peu arbitrairement que M. Dugas voit dans ces quatre sentiments ou états d'esprit de simples formes de la recherche de l'absolu. L'entêtement serait le caractère de ceux qui mettent leur gloire à avoir une volonté absolument autonome ; le fanatisme, l'attachement à un idéal politique, social ~~ou religieux~~ [rayé] conçu d'une manière exclusive et unique ; l'ascétisme, l'attachement à un idéal religieux " pris en dehors et au dessus de la condition humaine ". Enfin la pudeur serait une variété ~~de l'absolu à cause~~ [rayé] d'un sentiment de l'absolu à cause de son intransigeance. On voit qu'à ce compte tout sentiment ou outré ou exclusif ou impatient de toute compromission pourrait être aussi bien considéré comme une modalité de la recherche de l'absolu. On retrouve /également/ à l'intérieur de plusieurs de ces monographies, des classifications qui ne laissent pas de surprendre. C'est ainsi que le visionnaire, les charlatans, l'idéologue, le méditatif sont présentés comme des variétés différentes du fanatique.

L'utilité du livre est donc, en somme, artificielle. Quant à la méthode elle est celle d'un moraliste fin, pénétrant, subtil très souvent, plutôt que celle d'un savant. L'ouvrage abonde en analyses curieuses, piquantes ~~parfois jusqu'à êt~~ [rayé] ; mais on n'y trouve pas de faits méthodiquement observés et classés.

---

4. CARAN – F17/13423. Ouvrage distribué le 25 mai 1904, rapport lu en comité le 16 novembre 1909.

L'auteur expose les choses comme il les sent sans se préoccuper beaucoup de contrôler ses impressions par des données objectives. La lecture de son travail est certainement intéressante et suggestive, mais il ne nous paraît pas assez scientifique pour qu'il y ait lieu de lui accorder une subvention au moins importante.

É. Durkheim

Émile Durkheim

HÉBERT, Marcel, *L'évolution de la foi catholique*, Paris, Félix Alcan, " Bibliothèque de philosophie contemporaine ", 1905, 1 vol. in-8°, 257 p. 5f[5].

Décision : défavorable
20 décembre 1905

~~M. Hébert distingue deux sortes de foi~~ [rayé] Tout l'ouvrage est dominé par l'idée suivante. Il y a deux sortes de foi : la foi que l'auteur appelle naturelle ; c'est un état intérieur, un sentiment tout individuel, sentiment de l'infini, de l'idéal et du parfait, [*sic*] confiance que cet idéal existe, constitue, en un sens, une réalité. En second lieu, il y a la foi surnaturelle, ou ecclésiastique, qui consiste à admettre des vérités inaccessibles à la raison parce qu'elles sont enseignées au nom d'une autorité religieuses définie : l'Église, le corps sacerdotal, etc. La foi, ici, c'est la soumission absolue à une autorité et à tout ce qu'elle enseigne. La différence entre les deux sortes de foi, c'est que la première se fait librement à elle-même ses croyances /tandis/ que la seconde les reçoit toutes faites ; c'est que, par suite, les premières peuvent varier tandis que les secondes sont immuables.

Par des arguments plutôt dogmatiques qu'historiques, l'auteur s'efforce de montrer que l'Église catholique en admettant simultanément ces deux sortes de foi a réalisé une contradiction. La première foi, la foi intime et passionnelle, admet le concours de la raison, car il n'y a d'/état/ intérieur qui ne gagne à devenir plus conscient de soi, à se réfléchir. ~~Mais la raison ne saurait s'a~~ [rayé] Et en fait, l'Église a toujours repoussé le pur <u>fidéisme</u> c'est-à-dire /*la doctrine*/ [autre main, encre noire] d'après laquelle la foi s'affirme sans avoir à se prouver d'aucune manière. Mais d'un autre côté la raison [rature] *ruine* [autre main, encre noire] la foi ecclésiastique et autoritaire qui exclut en principe toute liberté d'examen. Le seul moyen de sortir de cette difficulté est de

---

5. CARAN – F17/13433.

restituer à la foi individuelle la prépondérance qu'il [*sic*] doit avoir. Le <u>symbolisme</u> de récents théoriciens qui s'efforcent de maintenir les dogmes ecclésiastiques, mais en les réduisant à n'être que des figures symboliques et non des expressions adéquates de la réalité, ne représente qu'une phase transitoire, utile mais qui doit être tôt ou tard dépassée.

On voit que l'ouvrage ne répond pas à son titre. L'auteur ne nous retrace pas précisément les transformations successives de la foi catholique. Mais il se borne à interroger, les uns après les autres, les grands penseurs de l'Église pour montrer comment chez eux se combinent ces deux formes de foi. Le livre est donc moins un livre d'histoire que d'apologétique, quoi qu'il s'agisse d'une apologétique très spéciale, non de telle foi, mais de la manière d'entendre la foi. Pour cette raison, et tout en reconnaissant l'ingéniosité des analyses et des discussions, la sincérité de la pensée, nous ne croyons pas qu'il y ait lieu de souscrire à un ouvrage où les questions traitées n'ont pas suffisamment un caractère scientifique.

É. Durkheim

Émile Durkheim

WARD, Lester, V. Frank, *Sociologie pure,* trad. de *Pure sociology; a treatise on the origin and spontaneous development of society* (1903) par Fernand WEIL, Paris, V. Giard et E. Brière, " Bibliothèque sociologique internationale ", 1906, 2 vol. in-8°, 345 p. et 381 p. 18f[6].

Avis : défavorable
16 mai 1906

Cet ouvrage est une traduction de l'anglais. Il nous paraît qu'en principe il n'y a lieu de souscrire aux traductions que quand les ouvrages originaux présentent une importance et [rayé] un intérêt assez considérable pour qu'il y ait lieu d'en faciliter la diffusion.

Mais quand il s'agit de travaux de moindre importance, on doit considérer que la généralité des personnes qui peuvent avoir à y recourir sont en état de se servir de l'original. Or le livre de M. Ward bien qu'il ne soit pas sans intérêt, n'a pourtant qu'une valeur scientifique restreinte. C'est une sorte de métaphysique de la sociologie que, dans l'état actuel de la science, peut passer comme bien prématurée. Ce dont nous avons présentement besoin, c'est de travaux définis portant sur des objets déterminés, et non de vastes synthèses qui embrassent toutes les questions possibles. Pour ces raisons, il ne nous paraît pas qu'il y ait lieu de souscrire à cet ouvrage.

É. Durkheim

---

6. CARAN – F17/13466. Ouvrage distribué le 20 décembre 1905, rapport lu en comité le 16 mai 1906. Analyse de Dominique Parodi, 1904, sur Lester Ward, *Pure Sociology*, New York, MacMillan, 1903, 607 p. in *L'Année sociologique*, vol. VII, p. 166-169. Première section, Sociologie générale, II. Théories générales, philosophie sociale. A. De l'évolution sociale. [A. Aubin, Bouglé et Parodi]. Indication bibliographique sans commentaire, 1906, *Notes critiques - Sciences sociales*, 7ᵉ année, n° 51 (nouvelle série), janvier, notice 1, p. 5. I. Sociologie en général. Études générales. Note critique de Louis Gernet, 1906, *Notes Critiques - Sciences sociales*, 7ᵉ année, n° 54 (nouvelle série), avril, notice 483, p. 97-100. I. Sociologie en général. Notice bibliographique de Célestin Bouglé, 1907, *L'Année sociologique*, vol. X, Première Section, Sociologie générale, III. Questions générales diverses [Bouglé]. p. 186, avec commentaire qui rappelle au lecteur l'analyse de Dominique Parodi ci-dessus.

PRAT, Louis, *Le caractère empirique de la personne. Du rôle de la volonté en psychologie et en morale*, Paris, Félix Alcan, " Bibliothèque de philosophie contemporaine ", 1906, 1 vol. in-8°, 452 p. 7f50[7].

Avis : défavorable
15 mai 1907

L'objet du livre est de distinguer, et presque d'opposer le caractère et la personne. Le caractère est un produit des choses ; c'est la trace laissée par les choses sur le moi. Mais le moi s'oppose au caractère. Le moi est libre, mais d'une liberté toute négative. Sa liberté consiste dans le pouvoir qu'il a de suspendre sa décision, de résister à tous les motifs, de <u>vouloir ne pas</u> céder à ceux qu'il a déjà. C'est cette faculté de <u>vouloir ne pas</u> qui constitue la volonté.

Par la volonté, l'être résiste aux choses, les empêche de l'envahir et de le dominer. La raison ainsi libérée de l'expérience peut s'élever à la conception d'un idéal qui est autre que l'expérience. La personne, c'est l'être qui se fait en résistant aux choses, et d'après un idéal autre que les choses.

~~Cette opposition~~ [rayé] Cette théorie sur le rôle de la volonté dans la formation de la personne est finalement rattachée à la doctrine de la chute, telle qu'elle est entendue par M. Renouvier.

L'auteur, est, en effet, un disciple de ce philosophe, disciple qui reproduit la pensée du maître sans y rien ajouter qui soit bien personnel. Ainsi, bien que ce livre de métaphysique ne laisse pas d'être estimable, nous ne croyons pas qu'il y ait lieu d'y souscrire.

É. Durkheim

---

7. CARAN – F17/13456. Ouvrage distribué le 21 février 1906. Thèse présentée à la Faculté des Lettres de Paris. Pour la théorie de la " chute ", se reporter à Charles Renouvier, 1903, *Le personnalisme, suivi d'une étude sur la perception externe et sur la force,* Paris, Alcan, Partie I, chap. XII.

DRAGHICESCO, Dimitri, *Le problème de la conscience. Étude psycho-sociologique,* Paris, Félix Alcan, " Bibliothèque de philosophie contemporaine ", 1907, 1 vol. in-8°, IX-224 p. 3f75[8].

Avis : défavorable
16 mai 1907

L'ouvrage de M. Draghicesco est encore un livre de sociologie comme il y en a malheureusement tant, où les questions les plus générales et les plus abstraites sont ~~traitées~~ [rayé] résolues, sans que l'auteur ait jamais étudié un groupe déterminé de faits sociaux. Ces généralités peuvent encore avoir de l'intérêt quand elles sont traitées par un esprit particulièrement vigoureux, quoiqu'on voie mal comment ces spéculations philosophiques sont possibles tant qu'elles ne reposent pas sur des études objectives préalables. Mais en tout cas, M. Draghicesco hier encore étudiant à la faculté des lettres de Paris, eut fait preuve de prudence et de réserve scientifique en ajournant l'heure d'aborder ces problèmes, d'autant plus que sa thèse fondamentale constitue un insoutenable paradoxe. Il soutient, en effet, que la conscience est tout entière un produit de la société, c'est-à-dire que la vie représentative est postérieure à la vie sociale.

Nous croyons donc pas qu'il y ait lieu de souscrire à cet ouvrage.

É. Durkheim

---

8. CARAN – F17/13422. Ouvrage distribué le 20 février 1907, rapport lu en comité le 15 mai suivant. Indication bibliographique sans commentaire, 1910, *L'Année sociologique*, vol. XI, p. 41. Première section. Sociologie générale. IV. Psychologie sociale. [Bouglé et M. David.]

HÄCKEL, Ernst, *Religion et évolution. Trois conférences faites à Berlin, les 14, 16, et 19 avril 1906* [sic], trad. de *Der Kampf um den Entwickelungsgedanken* (1905) par Camille Bos, Paris, Schleicher Frères, 1907, 1 vol. in -18°, V-136 p. 1f50[9].

Avis : défavorable
17 juillet 1907

C'est un recueil de trois conférences faites à Berlin au printemps de 1905. La première est un aperçu général de la lutte qui s'est élevée au XIXe siècle entre l'idée d'évolution et l'idée de création. Dans la seconde, est exposée la théorie fondamentale du transformisme tel que l'entend Haeckel [sic] sur la parenté de l'espèce humaine avec les vertébrés supérieurs, notamment avec l'espèce simiesque. La troisième enfin est un résumé de la métaphysique de Haeckel [sic] ; il y est traité de la notion d'âme et de la notion de Dieu.

Ces conférences populaires n'ajoutent rien aux ouvrages proprement scientifiques de l'auteur dont elles ne font que vulgariser les conclusions. D'autre part, il s'agit d'une traduction, et il a été entendu que les traductions ne comportaient de souscription que dans des cas exceptionnels, quand il s'agit d'ouvrages très importants qu'il importe de rendre accessibles à un plus grand nombre de lecteurs. Pour ces deux raisons réunies, nous ne pensons pas qu'il y ait lieu à souscrire.

É. Durkheim

---

9. CARAN – F17/13432. Ouvrage distribué le 20 février 1907, rapport lu en comité le 17 juillet suivant.

Émile Durkheim

HÉBERT, Marcel, *Le Divin. Expériences et hypothèses. Études psychologiques*, Paris, Félix Alcan, " Bibliothèque de philosophie contemporaine ", 1907, 1 vol. in-8°, 316 p. 5f[10].

Avis : défavorable
17 juillet 1907

L'objet de ce livre paraît être d'établir que le sentiment religieux, le sens du Divin, peut revêtir des formes différentes dont aucune ne l'exprime intégralement et à l'exclusion des autres. Il existe des catégories différentes d'âmes religieuses, et sans qu'il y ait lieu d'accorder aux unes une supériorité sur les autres. Il y a celles où prédomine l'élément affectif (les mystiques notamment) ; celles où prédomine l'élément intellectuel, qui voient dans Dieu une notion qui unifie la connaissance (ce sont les philosophes, les spéculatifs) ; il y a les actifs, ceux pour qui la religion est surtout un moyen stimuler, de guider l'action. L'auteur décrit, au moyen d'exemples concrets, ces différentes sortes de religiosité. Sa conclusion, c'est qu'il ne faut enfermer la religion dans aucune des formes qui la manifestent ; le divin c'est quelque chose qui parle à la fois au cœur, à l'esprit, à la volonté, qui ne peut pas être pensé sous des espèces étroitement définies. Une fois dégagé ainsi de ses expressions historiques, le sentiment religieux apparaît comme indestructible dans ce qu'il a d'essentiel, en dépit de ses éclipses passagères, mais sans qu'il soit possible de prévoir avec précision de quelle manière concrète il se manifestera dans l'avenir.

Le livre est d'un essayiste avisé, muni d'une littérature relativement étendue, plutôt qu'[rature] une œuvre de science méthodique. C'est une série d'études sur Ruysbroeck, sur Tolstoï, sur la religiosité de Darwin, sur le problème de la personnalité divine, de la finalité, de la grâce, etc., et sans qu'il soit toujours

---

10. CARAN – F17/13433. Ouvrage distribué le 20 février 1907, rapport lu en comité le 17 juillet suivant.

possible d'apercevoir le lien entre les sujets si divers qui sont ainsi traités successivement, et, en raison même de cette variété, un peu sommairement. C'est pourquoi, malgré le talent de l'auteur, nous ne croyons pas que son livre rentre dans la catégorie de ceux auxquels doivent être réservées les souscriptions ministérielles.

É. Durkheim

Émile Durkheim

PAULHAN, Frédéric, *La morale de l'ironie*, Paris, Félix Alcan, " Bibliothèque de philosophie contemporaine " 1909, 1 vol. in-16°, 271 p. 2f50[11].

Avis : défavorable
17 novembre 1909

L'auteur part d'une constation [*sic*] que les religions ont souvent faite et traduite de manières différentes : c'est que l'homme est double. En lui, il y a deux êtres qui, non seulement diffèrent, mais se contredisent ; c'est l'être individuel, d'une part, l'être social de l'autre. Le premier tend vers des fins personnelles et égoïstes ; l'autre exige du premier l'oubli de soi et le renoncement. La société n'est possible que si l'être individuel qui est en nous se subordonne entièrement [à] l'être social. La morale est le système de moyens destinés à assurer ce résultat.

Mais comme cette subordination est contre nature, comme l'individu n'a pas de raisons pour se soumettre et pour abdiquer, la société, pour le mener à ses fins est obligée de ruser, de le tromper, de l'abuser plus ou moins savamment. Les moyens auxquels elle recourt et dont la systématisation constitue la morale [rayé] ne peuvent donc consister qu'en artifices insidieux et en habiles mensonges. C'est dire que la morale elle-même n'est rien autre chose qu'un système de mensonges et d'illusions. L'idée qui est à la base de la philosophie de Hartmann est ainsi reprise par M. Paulhan et spécialement appliquée aux rapports de l'individu avec la collectivité. Ainsi les croyances religieuses, les doctrines traditionnelles sur la bonté de l'homme ou de la vie, /sur les harmonies sociales/, sur la justice immanente ou transcendante, ne seraient que procédés plus ou moins heureux par lesquels, suivant l'expression de l'auteur, " l'âme sociale triomphe et enchaîne nos instincts égoïstes " (p. 33). Mais son arme par excellence, c'est la

---

11. CARAN – F17/13453. Ouvrage distribué le 17 mars 1909, rapport lu en comité le 17 novembre suivant.

notion du devoir, du devoir impératif, absolu ; une fois cette notion bien gravée dans les esprits, la société s'impose sans peine puisqu'elle est assurée d'être obéie par cela seul qu'elle [compte aider ?]. Seulement cette croyance n'est, comme les autres, qu'une invention de l'art social ; c'en est la plus efficace.

Mais alors, une fois dénoncées ces contradictions inconciliables, une fois établie le caractère illusoire et mensonger des moyens que la société emploie pour résoudre pratiquement ces antinomies, quelle devra être l'attitude [de] l'homme ? Une attitude d'ironie. " L'ironie, dit M. Paulhan, est une forme de mensonge. C'est un mensonge avec lequel on ne cherche pas toujours à tromper, encore que l'on y arrive souvent. " Elle suppose, en effet, une contradiction, mais dont son auteur n'est pas la dupe, dans laquelle pourtant il se complaît sans toutefois s'y abandonner tout entier. Elle est donc la seule ma [rayé]. Ce mensonge clairvoyant et conscient est donc la seule manière dont nous disposions pour nous adapter intelligemment au système des mensonges sociaux. Ainsi s'explique le titre du livre : <u>La Morale de l'ironie</u>.

Nous ne songeons pas à contester le talent dont l'auteur a fait preuve dans ce livre comme dans ses précédents ouvrages. Mais nous avons avant tout à nous demander si ce travail a un caractère proprement scientifique. Une étude scientifique des faits moraux se reconnaît à l'un ou l'autre des signes suivants. Ou bien elle repose sur des observations positives, données historiques, ethnographiques, statistiques, etc., ou bien l'auteur formule sa conception après l'avoir confrontée avec les conceptions différentes qui ont tenu quelque place dans l'histoire des idées, après l'avoir éprouvée à leur contact, après avoir contrôlé sa pensée par la pensée d'autrui préalablement traversée et approfondie. En dehors du ce [rayé] contrôle par ces faits ou par les opinions des devanciers, il n'y a plus de possible que des dissertations, des méditations intérieures qui peuvent être intéressantes au point de vue littéraire ou comme documents sur l'histoire de notre temps, mais qui ne peuvent être considérées comme des œuvres de science. Or l'auteur ne pratique ni l'une ni l'autre de ces méthodes. On ne trouve /pas/ dans son livre un fait méthodologiquement établi. D'autre part, il développe sa pensée à peu près comme si le problème qu'il va poser n'avait pas été posé avant lui. Il oublie toute[s] sorte[s] de conceptions qui eussent dû être examinées et discutées pour qu'il fût fondé à proposer la sienne. On peut se demander, d'ailleurs, si ce qu'ont de piquant certaines de ses idées ne disparaîtrait pas parfois, si elles étaient rapprochées d'idées analogues qui ont été exprimées depuis longtemps.

Pour ces raisons nous ne croyons pas qu'il y ait lieu à souscription ministérielle.

É. Durkheim

SCHINZ, Albert, *Anti-pragmatisme, examen des droits respectifs de l'aristocratie intellectuelle et de la démocratie sociale*, Paris, Félix Alcan, 1909, 1 vol. in-8°, 310 p. 5f[12].

Avis : défavorable
20 avril 1910

Ce livre commence par une discussion et, à ce qu'il semble, par une réfutation du pragmatisme, c'est-à-dire de la théorie qui entend ramener le vrai à n'être qu'une forme de l'opportun. Les principes sur lesquels le pragmatisme s'appuie sont successivement critiqués non sans une certaine ingéniosité dialectique. Très justement l'auteur s'attache à montrer que les théories de M. Poincaré, de M. Tannery sur la science n'apportent pas au pragmatisme la confirmation que celui-ci a cru parfois y trouver. De ce que la science n'est autre chose que le système des symboles qui, à chaque moment du temps, nous permettent d'exprimer le plus commodément les choses, il ne suit pas que ces symboles n'aient d'autre raison d'être que leur utilité sociale et morale. Il ne faut pas confondre leur commodité spéculative avec la commodité pratique qui, suivant le pragmatisme, serait leur seule justification.

Dans un chapitre suivant, M. Schinz s'efforce d'établir comment le pragmatisme se rattache à la civilisation anglo-saxonne. Le culte qu'un peuple industriel a pour l'énergie devait l'induire à accorder à l'action une primauté sur la spéculation. D'autre part, les facilités qu'offre le pragmatisme pour démontrer la foi devaient assurer son succès dans des pays où sévit l'industrialisme, car pour contre-balancer les conséquences que pouvait [rayé] peut avoir le déchaînement des égoïsmes il fallait [rayé] faut un frein qui ne peut pouvait [rayé] être que religieux.

A la suite de cet examen critique, on s'attend à voir l'auteur conclure contre le pragmatisme. Mais c'est presque à la conclusion

---

12. CARAN – F17/13456. Ouvrage distribué le 17 mars 1909.

contraire qu'aboutit l'ouvrage. Il est bien vrai que le pragmatisme est faux, mais il triomphera et doit triompher parce qu'il est faux : car, au point de vue social, le faux est préférable au vrai. la vérité n'est pas faite pour être vécue et mène [...?]. Elle est immorale et anti-sociale. Elle peut être méditée par une élite qui n'est parfois qu'une petite minorité ; mais elle ne pourrait se répandre dans les masses sans dissoudre les sociétés. En définitive, il y a deux vérités antagonistes et irréconciliables : l'une théorique, spéculative qui exprime les choses telles qu'elles sont mais qui est la mort de toute vie commune, l'autre qui exprime les choses comme il faut qu'elles soient vues pour que la pratique sociale soit possible. Le tort des pragmatistes a été de vouloir ramener la première vérité à la seconde, de soutenir que cela seul était vrai qui était pratiquement opportun, Mais au fond, il [rayé] alors que entre la vérité et l'opportunité sociale il y a divorce. Mais l'inspiration générale de la philosophie pragmatique est saine et bonne. Il faut que les masses soient pragmatistes.

La théorie n'est pas nouvelle. Malgré le mélange d'archaïsme et de paradoxe qui la caractérise, si l'auteur avait essayé de faire une démonstration scientifique, s'il avait cherché à l'appuyer sur des données positives méthodiquement élaborées, nous n'y verrions pas une raison pour écarter la demande de souscription. Mais, en fait, sauf un court chapitre où l'auteur passe en revue, d'une manière nécessairement très sommaire, presque toute l'histoire de la philosophie depuis la scolastique pour montrer que la pensée humaine, en se développant, tend vers le pragmatisme, il y a dans ce livre des affirmations plutôt que des preuves, alors que la gravité de la thèse aurait dû obliger l'auteur à se monter [rayé] imposer une grande sévérité en matière de démonstration. Pour cette raison, notre avis est négatif.

É. Durkheim

STEIN, Ludwig, *Le sens de l'existence excursions d'un optimiste dans la philosophie contemporaine*, trad. de *Der Sinn des Daseins. Streifzüge eines Optimisten durch die Philosophie der Gegenwart* (1904) par Albert CHAZAUD des GRANGES, Paris, V. Giard et E. Brière, " Bibliothèque sociologique internationale ", 1909, 1 vol. in-8°, XII-535 p. 12f[13].

Avis : défavorable
20 avril 1910

Ce livre est un recueil d'articles paru [rayé] d'essais, probablement d'articles déjà parus, et qui se rapportent aux sujets les plus divers : Le sens du monde, la crise philosophique, Causalité téléologie et liberté, Les hommes de la connaissance et les confesseurs, Le sens de la pensée humaine, L'origine de la société humaine, Herbert Spencer et son chant du cygne, Pestalozzi, Nietszche, etc. etc. Pour donner une apparence d'unité à son ouvrage, l'auteur a groupé ces études sous quatre chefs principaux : Le sens du monde, Le sens de la connaissance, Le sens de la vie personnelle, Le sens de la vie sociale. Mais la généralité et l'indétermination de ces titres dit ce qu'il y a d'artificiel dans ces groupements. Il est inutile d'ajouter que des sujets d'une telle ampleur, traités en quelque pages, ne peuvent guère être l'occasion que de variations intéressantes, non d'études approfondies. Si l'on tient compte, en outre, de ce fait que ce livre n'est que la traduction d'un ouvrage allemand <u>Der Sinn des Daseins</u> et qu'il est dans les usages du comité de n'accorder de subvention aux traductions que dans des cas exceptionnels, on conclut qu'il n'y a pas lieu de souscrire.

É. Durkheim

---

13. CARAN – F17/13462. Ouvrage distribué le 17 novembre 1909, rapport lu en comité le 20 avril 1910.

Émile Durkheim

RODRIGUES, Gustave, *Le problème de l'action. La pratique morale*, Paris, Félix Alcan, " Bibliothèque de philosophie contemporaine ", 1909, 1 vol. in-8°, IV-203 p. 3f75[14].

Avis : non
16 septembre 1910

En déterminant comment, selon lui, doit se poser le problème moral, M. Rodrigues s'attache tout d'abord à se distinguer de l'école sociologique ; il lui reproche de confondre ce qui est et ce qui doit être, et de perdre de vue la caractéristique essentielle du fait moral qui consiste pour lui dans l'obligation. Avec Kant, il faut consister le problème moral dans le problème du devoir " Toute morale, dit-il, est coercitive " (p. 9). On est assez surpris de voir cette conception du fait moral opposée à celle de l'école de sociologie qui, elle aussi, fait du devoir l'élément essentiel de la vie morale et /qui/ se présente elle-même comme un kantisme renouvelé. M. Rodrigues paraît connaître insuffisamment la doctrine qu'il examine.

Ce qui est plus étonnant encore, c'est qu'après avoir adopté la définition kantienne, il l'abandonne presque aussitôt. Alors que Kant a montré que le devoir ne pouvait être dérivé du bien, que ce qui nous est commandé ne pouvait être [rature] être quelque chose de simplement désiré, M. Rodrigues ramène le devoir au préférable. L'obligation morale, c'est simplement la contrainte exercée sur l'esprit par la fin qui apparaît comme la meilleure. Il eût été tout au moins nécessaire de montrer comment il est possible de répondre aux objections que Kant a faites à cette réduction et qui gardent toute leur force. Or l'auteur ne fait même pas allusion à ces difficultés.

S'engageant toujours davantage dans ce sens, il en vient à rapprocher étroitement la morale de toutes les autres techniques " Il y a, dit-il, un rapport étroit entre l'honnête homme qui recherche comment il doit agir, l'architecte qui dresse le plan d'une maison, le

---

14. CARAN – F17/13457. Ouvrage distribué le 21 juillet 1909, rapport lu en comité le 16 novembre 1910.

médecin qui entreprend un cure " (p. 33). Il va jusqu'à dire que " il n'y a pas de problème moral distinct ". La morale n'a pas de fins qui lui soient propres ; les fins qu'elle poursuit sont les fins mêmes de la vie " Le critérium de la morale, dit-il, doit être cherché en dehors de la morale. La morale nous est donnée en fonction de la vie " (p. 86). Aussi comme la vie est ondoyante, comme elle n'est jamais semblable à elle-même, la morale elle-même doit être infiniment souple ; l'exception, les cas particuliers y tiennent une place considérable ; on se demande parfois en lisant l'auteur, si elles ne se ramènent pas tout entières à la casuistique. Nous voilà bien loin de l'impératif kantien.

Cependant après l'avoir abandonné, M. Rodrigues s'efforce d'y revenir. Assurément il n'y a pas de règle morale absolue, qui s'applique à tous les cas. Pour agir moralement, dit-il, il faut agir d'après une maxime qui puisse être universalisée par rapport au cas donné. Et la raison de cette impersonnalité, c'est qu'autrement toute société serait impossible. Mais pour que la société puisse se maintenir, pour échapper, suivant le mot de l'auteur, il faut que la morale ne soit pas exposée à changer d'un cas particulier à l'autre. Il faut que le devoir ne change pas avec les conséquences qu'il peut avoir suivant les circonstance. Et pourtant M. Rodrigues écrit : " Ce qui fonde le devoir, ce sont précisément les conséquences qu'il entraîne " (p. 90).

On voit par cette analyse la caractéristique de cet ouvrage. C'est une brillante dissertation écrite dans un style qui ne manque pas parfois de relief et de mouvement, mais où l'auteur épouse successivement les points de vue les plus contraires sans qu'on voie comment il les concilie, sans qu'il se préoccupe même beaucoup d'expliquer ces contradictions. Il néglige également de discuter les objections qui ont été faites à ses successives manières de voir. En somme c'est un travail qui paraît avoir été fait par un écrivain qui n'est pas sans talent, mais avec peu de méthode, et peut être même assez rapidement. Les informations sont très restreintes. Nous ne croyons donc pas qu'il y ait lieu à souscription.

É. Durkheim

Émile Durkheim

BOHN, Georges, *La naissance de l'Intelligence*, Paris, Ernest Flammarion, " Bibliothèque de philosophie scientifique ", 1909, 1 vol. in-18°, 416 p. 3f50[15].

Avis : non
16 novembre 1910

L'objet du livre est de montrer à quel moment et sous quelles formes l'intelligence, ou, suivant l'expression employée par l'auteur, le psychisme, apparaît dans la série animale. La théorie soutenue par M. Bohn est que la vie psychique, même rudimentaire, ne s'observe que chez les animaux pourvus d'un système développé et centralisé. C'est à peine s'il croit pouvoir en distinguer les premières lueurs chez certains insectes élevés en organisation, tels que les abeilles et les fourmis. Quant aux actes des animaux inférieures, qui peuvent paraître au premier abord dénoter de l'intelligence, M. Bohn n'y voit que des phénomènes de tropisme, de sensibilité différentielle, c'est-à-dire des phénomènes tout mécaniques basés sur les propriétés générales de la matière vivante. Même quand il croit devoir constater l'existence d'une activité proprement psychique, celle-ci se réduit à très peu de chose ; ce sont des associations, des combinaisons de

---

15. CARAN – F17/13410. Ouvrage distribué le 28 avril 1906. *Cf.* Henri Piéron (thèse présentée par), " La notion d'instinct ", *Bulletin de la Société française de philosophie*, 14ᵉ année, n° 7, juillet 1914 [publié en décembre 1915], séance du 28 mai 1914. Faisant partie de la discussion : MM. Cresson, L. Lévy-Bruhl, Rabaud, Roustan. Présents à la séance : MM. Beaulavon, Brunschvicg, Challeye, Delbos, Dunan, Durkheim, Guy-Grand, Lalande, X. Léon, Meyerson, Parodi. Lors de la discussion, Roustan cite G. Bohn, *La naissance de l'intelligence*, (pages 169-170, 178-179).

La collection chez Flammarion est dirigée depuis sa fondation en 1902 par Gustave Le Bon qui avait d'abord souhaité lancer celle-ci chez Alcan. Christophe Prochasson, 1991, *Les années électriques (1880-1910)*, Paris, La Découverte, p. 66-68.

sensations, mais de sensations qui ne se distinguent guère des simples impressions organiques.

De cette conception, il semble que l'ouvrage est consacré moins à faire voir comment le psychisme prend naissance, qu'à montrer qu'il est absent d'actes où l'on croit d'ordinaire le reconnaître. Les 215 premières pages /(sur 340)/ sont tout entières employées à cette démonstration négative. Le titre du livre est donc un peu trompeur : il y est très peu question d'intelligence et de psychologie. L'auteur est un élève de [Giard ?] et la tendance dominante est de restreindre le domaine de la psychologie animale au profit d'explications purement physiologiques. Nous nous sentons donc peu compétent pour apprécier les solutions proposées et, par suite, nous nous trouverions embarrassé pour conclure si une considération extérieure ne nous paraissait dicter la décision à intervenir. Ce livre appartient à la Bibliothèque de philosophie scientifique que publie la librairie Flammarion. C'est une collection qui s'adresse au grand public, qui dispose d'une vaste clientèle, et, pour cette raison, il ne nous semble pas que les ouvrages qui y paraissent aient besoin d'une souscription ministérielle.

É. Durkheim

Émile Durkheim

PELADAN, Joséphin, *La philosophie de Léonard de Vinci d'après ses manuscrits*, Paris, Félix Alcan, 1910, 1 vol. in-16°, XVI-192 p. 2f50[16].

Avis : non
16 novembre 1910

Nous craignons que les personnes qui ne connaissant pas la philosophie de Léonard de Vinci ne puissent facilement s'en faire une idée d'après ce petit livre où il est question de toute sorte de choses, et seulement, ça et là, de Léonard de Vinci. Les divisions mêmes de l'ouvrage témoignent du peu de rapport qu'il y a entre le titre et le contenu du travail. La première partie est consacré à établir l'inutilité de la Réforme, la seconde traite de la méthode expérimentale, la troisième de la méthode analogique. Sous cette dernière rubrique, il est parlé successivement de l'analogie ou du parallélisme, des analogies logiques, morales, psychologiques, théologiques, et enfin, dans un dernier chapitre de l'originalité de Léonard (p. 182-189).

Nous devons renoncer à retracer la marche des idées qui nous a trop souvent échappé. Entre temps, on lit des propositions comme celle-ci : " Les rapports entre l'auteur du Discours de la Méthode et Malherbe, c'est l'absence de génie ; il sont tous deux des honnêtes gens ayant des clartés et point de lumières, des aperçus et nulle formule ". Suit en deux pages une discussion du système cartésien qui indique une connaissance plutôt sommaire et superficielle du cartésianisme (p. 117-118). Nous croyons que ~~les subventions ministérielles doivent revenir à des ouvrages où la fantaisie tient un aussi large place~~ [rayé] la fantaisie a trop de place dans cet ouvrage pour qu'il y ait lieu d'y souscrire.

É. Durkheim

---

16. CARAN – F17/13453. Ouvrage distribué le 20 juin 1910, rapport lu en comité le 16 novembre suivant.

VASCHIDE, Nicolas, MEUNIER, Raymond, *La pathologie de l'attention*, Paris, Bloud et Cie, " Bibliothèque de psychologie expérimentale et de métapsychie ", 1 vol. in -16°, IV-99 p. [sans prix.][17]

Avis : non
16 novembre 1910

Ce petit livre est un résumé des travaux faits par différents savants sur les variations par lesquelles passe l'attention dans différents états morbides (démence, vésanie, paralysie générale, hystérie etc.). C'est surtout la durée du temps de réaction qui est prise comme entière de la puissance d'attention. Un tableau qui se trouve à la fin de l'ouvrage reproduit sous forme synoptique les principaux résultats auxquels sont arrivés les différents observateurs. Mais à cet exposé les auteurs n'ajoutent rien de personnel. Cet ouvrage est destiné avant tout à renseigner le public cultivé, mais n'a aucunement le caractère d'une recherche originale. Il ne nous paraît donc pas rentrer dans le cadre des travaux auxquels il y a lieu d'accorder une subvention ministérielle.

É. Durkheim

---

17. CARAN – F17/13464. Rapport lu en comité le 16 novembre 1910.

Émile Durkheim

DROMARD, Gabriel, *Les mensonges de la vie intérieure*, Paris, Félix Alcan, " Bibliothèque de philosophie contemporaine ", 1910, 1 vol. in-16°, II-184 p. 2f50[18].

Avis : négatif
11 septembre 1911

L'idée développée dans ce petit ouvrage est la suivante. En principe, nous ne reconnaissons que le vrai, nous croyons à la souveraineté de la seule raison. Et pourtant, en fait, nous vivons en grande partie sur des certitudes précaires, instaurées par le cœur seulement et que le sens critique n'a jamais contrôlées ; nous sommes sans cesse obligés de prendre pour guide de pures illusions. Et il faut qu'il en soit ainsi car si le sens critique opérait sans frein, il serait la ruine de ce qui nous fait vivre. Nous sommes donc un paradoxe réalisé ou nous vivons dans le mensonge, et nous ne pouvons vivre que dans le mensonge et par lui. Nous pouvons en prendre conscience, l'accepter délibérément en pleine connaissance de cause en nous rendant compte de ce que nous faisons ; ou bien nous pouvons subir ce mensonge sans le voir, inconsciemment, mais nous ne pouvons pas nous en affranchir.

Ce sont ces mensonges et ces contradictions que M. Dromard se propose d'étudier à travers les principales manifestations de l'activité humaine. Sans être bien nouveau, le paradoxe a, comme tout paradoxe, sa part de vérité et même ~~par certains côtés~~ [rayé] on peut se demander si, par certains côtés, ce n'est pas un truisme. Il est exposé avec une certaine ingéniosité et une incontestable sincérité ; mais il est difficile de voir dans ces développements [rature], d'un caractère souvent plus littéraire que scientifique une étude ~~scientifique~~ [rayé] méthodique à laquelle il y ait lieu d'accorder une souscription ministérielle.

É. Durkheim

---

18. CARAN – F17/13423. Ouvrage distribué le 20 avril 1910, rapport lu en comité le 15 novembre 1911.

REGNAULT, Félix, *La genèse des miracles*, Paris, V. Giard et E. Brière, 1910, 1 vol. in-8°, 323 p. 6f[19].

Avis : négatif
15 novembre 1911

La thèse soutenue dans cet ouvrage est bien connue : les miracles sont l'effet de causes naturelles. Ils sont dus à certains états psychopathiques [*sic*], qui vont de la vésanie pure et simple au simple nervosisme ou à certaines influences du moral sur le psychique. Par exemple l'action du psychique sur la circulation explique les stigmates, les hémorragies miraculeuses, le succès des envoûtements, etc. A la démonstration de cette thèse, l'auteur n'apporte aucune contribution personnelle et neuve, il se borne à reproduire des faits et des arguments connus. C'est une œuvre de vulgarisation, pour laquelle il ne semble pas qu'il y ait lieu à souscription ministérielle.

É. Durkheim

---

19. CARAN – F17/13456. Ouvrage distribué le 20 juillet 1910, rapport lu en comité le 15 novembre 1911. " Nervosisme " : du latin, *nervosus*, nerveux. Système qui attribue toute les maladies à des aberrations de la force nerveuse. ‖ Maladie générale du système nerveux, dite aussi ETAT NERVEUX et NEVROPATHIE PROTEIFORME. *Cf. Grand Dictionnaire universel du XIXe siècle,* Paris, Pierre Larousse, 1874, t. II, p. 939. (Ce terme ne figure pas dans le *Dictionnaire de la langue française* (1890) sous la direction d'Émile Littré.)

Émile Durkheim

RENARD, Georges François, *Discussions sociales d'hier et de demain*, Paris, Librairie scientifique et philosophique, " Bibliothèque de psychologie sociale ", s.d. [1875-1909], 1 vol. in-8°, 280 p. 3f[20].

Avis : négatif
15 novembre 1911

Ce petit livre est un recueil d'articles parus dans différents journaux. Il est divisé en deux parties. La première est plutôt critique : l'auteur y juge des hommes ou des œuvres du jour ; sa pensée personnelle n'est indiquée qu'indirectement. Dans la seconde partie " il dit plus directement son avis sur les choses par des réponses à des enquêtes, par des exposés de doctrines, par des boutades satiriques ", par des contes même. Il est impossible de résumer cet opuscule où les questions les plus diverses sont successivement traités, question de littérature, de philosophie, d'économie politique, etc. On y retrouve les qualités ordinaires de M. Georges Renard, un style élégant et alerte, une grande mesure dans la discussion, une remarquable souplesse dialectique. Mais un tel ouvrage, en raison même de ses origines, manque de tout caractère scientifique et nous croyons que l'éditeur s'est mépris en nous l'adressant.

É. Durkheim

---

20. CARAN – F17/13456. Ouvrage distribué le 20 juillet 1910, rapport lu en comité le 15 novembre 1911.

CHACHOIN, Louis, *Les Religions. Histoire. Dogmes. Critiques*, Paris, Paul Geuthner, 1910, 1 vol. in-8°, 664 p. 7f50[21].

Avis : non
21 février 1912

Ce livre n'a aucun caractère scientifique. Toutes les religions possibles y sont passées en revue en un peu plus de 500 pages. Cinq pages sont accordées à l'Animisme et au Fétichisme, 16 au Védisme, une vingtaine au Bouddhisme, trente au Catholicisme et au Protestantisme, etc. On ne trouve nulle part de référence aux innombrables travaux que toutes ces questions ont suscités.

On ne peut même pas recommander ce travail comme ouvrage de vulgarisation. Ce n'est pas que l'auteur n'ait pas lu un certain nombre de documents et de travaux qui se rapportent à ces problèmes ; mais la lecture en a été quelque peu tumultueuse et confuse et surtout elle a été dominée par quelques préjugés, peu scientifiques qui altéraient par avance les résultats de la recherche. On lit par exemple p. 607 " Mythe, mystère, mystification sont des mots de même famille ", et p. 608 " Moïse et Mahomet furent des mystificateurs ". La critique est trop souvent d'un simplisme qui est en retard de plus d'un siècle. <u>Il ne nous paraît pas qu'il puisse être question de souscrire à cet ouvrage</u>.

É. Durkheim

---

21. CARAN – F17/13415. Ouvrage distribué le 15 mars 1911, rapport lu en comité le 21 février 1912. Une lettre de Louis Chachoin, adressée au Ministre de la Justice, M. Steeg, pour demander la souscription pour son livre, est jointe au dossier.

Émile Durkheim

WAHL, Paul Lucien, *Le crime devant la science*, Paris, V. Giard et E. Brière, " Encyclopédie internationale d'assistance, prévoyance, hygiène sociale et démographie : Démographie II ", 1910, 1 vol. in 4°, 316 p. 2f[22].

Avis : non
[21.02] 1912

Cet ouvrage est un traité de vulgarisation de criminologie et de pœnologie. Ces questions y sont étudiées d'un point de vue presque exclusivement médical. Après une histoire sommaire de l'anthropologie criminelle, l'auteur reprend, dans un chapitre d'une quarantaine de pages, les causes diverses de la dégénérescence et de la criminalité (alcoolisme, syphilis, intoxications de toute sorte, causes sociologiques comme l'industrialisation, les naissances illégitimes, la désertion des campagnes etc.). Plusieurs chapitres sont ensuite consacrés aux stigmates physiques et au psychisme des dégénérés. Ce n'est pas cependant que M. le Dr Wahl voit dans tout criminel un dégénéré. Mais il tend à croire que la plupart des criminels présentent des signes de dégénérescence ; faiblement ou moyennement tarés, ils ne sont pas fatalement voués au crime mais ils peuvent facilement y tomber. Leur faiblesse fait le jouet des circonstance et des événements extérieurs. De ces questions théoriques M. Wahl passe aux problèmes pratiques ; il traite successivement des procédés d'identification des criminels, des écoles pénitentiaires, des principes généraux sur lesquels devraient, selon lui, reposer le système pénal.

La multiplicité même des questions abordées ne lui permettait guère d'en approfondir aucune. En général, il fait preuve d'un

---

22. CARAN – F17/13465. Ouvrage distribué le 20 juillet 1910, rapport lu en comité le 21 février 1912. Indication bibliographique sans commentaire, 1913, *L'Année sociologique*, vol. XII, p. 572. Quatrième section. Sociologie criminelle et statistique morale. III. De la criminalité en général. [J. Ray]

esprit judicieux et modéré, mais son livre n'ajoute rien aux innombrables ouvrages où les mêmes sujets sont étudiés d'un même point de vue. Nous signalerons, d'ailleurs, une multitude d'incorrections qui sans doute doivent être imputées à des distractions typographiques, mais qui n'en sont pas moins fâcheuses.

Nous ne croyons donc pas qu'il y ait lieu à souscription.

É. Durkheim

Émile Durkheim

BALDWIN, James Mark, *Le darwinisme dans les sciences morales*, trad. de la 2ᵉ édition de *Darwin and the Humanities* (1909) par Guillaume L. DUPRAT, Paris, Félix Alcan, " Bibliothèque de philosophie contemporaine ", 1911, 1 vol. in-16°, VII-168 p. 2f50[23].

Avis : non
17 juillet 1912

Ce petit livre est un livre de circonstance ; il a été écrit à l'occasion du centenaire de Darwin et il a pour objet de démontrer l'influence de Darwin sur le développement des sciences morales et sociales.

Pour traiter cette question d'une manière historique et objective, il eût été nécessaire de rechercher quels sont, dans ces différentes sciences, les savants qui ont subi l'influence de Darwin ou des idées darwinistes, d'établir, par des comparaisons de textes, la réalité de cette influence. Telle n'est pas la méthode suivie par l'auteur. Il se borne à passer rapidement en revue les différentes sciences dites morales, psychologie, sciences sociales, morales, logiques, sciences des religions, à dégager les notions fondamentales sur lesquelles elles reposent ou qu'elles mettent actuellement en œuvre et à faire voir ~~ce que ces notions peuvent avoir~~ [rayé], par une analyse logique et dialectique, ce que ces notions peuvent devoir à Darwin : ce qui revient à montrer dans quelle mesure les notions d'adaptation, de sélection, d'évolution, etc., jouent un rôle important dans les spéculations relatives à l'homme et aux sociétés. On conçoit ce qu'une telle construction a nécessairement de personnel et de subjectif : tout dépend de l'idée qu'on se fait personnellement de ces différentes sciences. Aussi ce petit livre est-il une sorte de méthodologie des sciences morales, vues à vol d'oiseau. Le nom de Darwin n'apparaît que de distance

---

23. CARAN – F17/13405. Ouvrage distribué le 17 mai 1911, rapport de souscription lu en comité le 17 juillet 1912.

en distance quant on rencontre sur son chemin une idée qui paraît plus spécialement darwinienne. Un chapitre (Darwinisme et Religion) a même été composé pour une circonstance tout à fait étrangère à Darwin. C'est une communication faite en 1908 au Congrès de l'histoire des Religions. Ce travail d'analyse et de reconstruction est certainement intéressant, mais il a un caractère plutôt exotérique, et comme d'autre part il s'agit d'une traduction <u>il ne nous paraît pas qu'il y ait lieu à une souscription ministérielle</u>.

É. Durkheim

Émile Durkheim

BALDWIN, James Mark, *Psychologie et sociologie. L'individu et la société*, trad. de *The Individual and Society, or Psychology and Sociology* (1910) par Pierre LANUX de COMBRET, Paris, V. Giard et E. Brière, " Bibliothèque sociologique internationale ", 1910, 1 vol. in-18°, 114 p. 2f.[24]

Avis : non
19 février 1913

M. Baldwin est un psychologue et un logicien qui s'est essayé à traiter dans cet opuscule de toutes les questions les plus générales de la sociologie. Il y est question en 112 pages de la nature de [la] solidarité sociale, de la concurrence sociale et de l'Individualisme, des institutions sociales, École, État, Église, de l'Invention sociale et du progrès. Ce petit livre a les qualités et les défauts ordinaires aux travaux de M. Baldwin, de la subtilité dialectique et de l'obscurité des vues parfois originales mais dont l'on n'est jamais bien assuré de saisir la portée. D'ailleurs, dans ce cas particulier, les dimensions restreintes dans lesquelles l'auteur était tenu de se renfermer ne lui permettaient guère de traiter d'une manière vraiment méthodique de problèmes aussi vastes et auxquels, d'ailleurs, ses études antérieures ne le préparaient que très imparfaitement. Pour toutes ces raisons, et étant donné surtout qu'il s'agit d'une traduction, nous ne croyons pas qu'il y ait lieu à souscription.

É. Durkheim

---

24. CARAN – F17/13405. Ouvrage distribué le 16 novembre 1910, rapport de souscription lu en comité le 19 février 1913.
Indication bibliographique sans commentaire, 1913, *L'Année sociologique*, vol. XII, p. 29. Première section. Sociologie générale. II. Traités généraux. Questions généraux diverses. [R. Hourticq, Durkheim, Bouglé et Aubin.]

MAXWELL, Joseph, *Psychologie sociale contemporaine*, Paris, Félix Alcan, 1911, 1 vol. in-8°, VII-363 p. 6f[25].

Avis : non
19 février 1913

Le titre de l'ouvrage est de nature à induire en erreur. On n'y trouvera pas des études de psychologie collective, au sens scientifique du mot. Le livre est un recueil d'impressions personnelles " sur le mouvement des âmes contemporaines ". La note générale est pessimiste. L'auteur découvre dans les sociétés d'aujourd'hui toutes sortes d'instabilités religieuses, morales économiques. Il y a une crise générale dont sont atteintes les nations européennes et c'est sur les classes moyennes qu'il compte pour régénérer l'Europe. Il les juge, en effet, plus morales que celles des financiers et plus intelligentes que les classes ouvrières. C'est en somme l'œuvre d'un publiciste, qui n'a aucun caractère scientifique proprement dit et pour cette raison nous ne pensons pas qu'il y ait lieu à souscription.

É. Durkheim

---

25. CARAN – F17/13448. Ouvrage distribué le 21 février 1912, rapport lu en comité le 19 février 1913.

LODGE, Oliver Joseph Sir, *La survivance humaine. Étude de facultés non encore reconnues*, trad. *The Survival of Man. A Study in Unrecognised Human Faculty* (1909) par H[enri] Bourbon, Préf. Joseph MAXWELL, Paris, Félix Alcan, 1912, 1 vol. in-8°, II-267 p. 5f[26].

Avis : non
16 juillet 1913

L'objet de ce livre est de démontrer sinon la réalité, au moins la possibilité de la survivance /après la mort/ et de la communication des morts avec les vivants. Étant donné le phénomène de <u>télépathie</u> comme fait d'observation, la question qui se pose est de savoir si le sujet d'où émane l'idée ou l'impression communiquée doit être nécessairement un cerveau vivant. En d'autres termes, le mécanisme de la télépathie est-il physique ou purement mental, matériel ou immatériel ? Si l'existence d'un cerveau vivant n'est pas la condition nécessaire de la télépathie, il n'y a pas de raison pour qu'elle ne puisse pas avoir lieu entre morts et vivants. Par suite le problème de la survivance humaine cesse d'être un problème de pure métaphysique ; il relève de la démonstration expérimentale.

Or l'auteur estime que, dès à présent, les expériences faites par la Société anglaise des Recherches psychiques permettent d'admettre la possibilité de ces communications d'outre tombe. Et il rapporte certaines des observations qui lui paraissent les plus probantes dans ce sens. Elles n'ajoutent rien à ce qui a déjà été publié sur le même sujet et, par conséquent, étant donné surtout qu'il s'agit d'une traduction d'un ouvrage étranger, nous ne croyons pas qu'il y ait lieu à souscription.

É. Durkheim

---

26. CARAN – F17/13444. Ouvrage distribué le 17 juillet 1912, rapport lu en comité le 16 juillet 1913.

GRASSERIE, Raoul Guérin de la, *De la Cosmosociologie,* Paris, V. Giard et E. Brière, " Bibliothèque sociologique internationale ", 1913, 1 vol. in-18°, 171 p. 2f50[27].

Avis : non
19 novembre 1913

Ce petit livre a pour objet de poser les principes et de tracer les plans d'une nouvelle science à laquelle l'auteur donne le nom de cosmo-sociologie. Tous les êtres /de l'/ univers, à q.q. [sic] règne qu'ils appartiennent forment une immense société. La sociologie [rayé] cosmo-sociologie est la science de cette société. Elle a donc au fond pour objet, comme le dit l'auteur, de déchiffrer l'énigme de l'univers (p. 55). Il s'agit, je cite encore M. de la Grasserie " de chercher et de découvrir le bien, la société entre les êtres de l'univers comme théorie, puis, comme pratique, de vivre conformément à ce lien sans le briser ou le diminuer, et même de l'augmenter, lien qui s'applique aussi bien à ses êtres qu'à leur chef, à leur tête, s'il en existe une " (p. 8). Cette science comprendrait trois parties : 1°) La science de la connaissance cosmique ou dogmatique, 2°) celle du lien cosmique ou morale, 3°) celle de la communication entre les êtres cosmiques et leur ensemble ou culte, correspondant à ce que le culte est en religion.

On entrevoit aisément ce que cette conception a de confus. La cosmosociologie ne se distingue guère de la philosophie générale telle que la concevait Comte, sauf que chez Comte elle avait dans les sciences positives des bases définies et solides. Traiter tumultueusement /en 170 pages/ tous les problèmes que peut impliquer une description aussi mal déterminée ne permettait pas beaucoup de précision et entraînait inévitablement à toutes sortes de propositions téméraires et contestables. Pour toutes ces raisons, nous ne pensons pas qu'il y ait lieu à souscription.

É. Durkheim

---

27. CARAN – F17/13430. Ouvrage distribué le 16 avril 1913, rapport lu en comité le 19 novembre suivant.

Émile Durkheim

COCHIN, Denys, *Descartes*, Paris, Félix Alcan, " Les Grands philosophes ", 1913, 1 vol. in-8°, 281 p. 2f[28].

Avis : non
21 janvier 1914

Le titre de cet ouvrage est sans rapport avec le contenu. Il y est, sans doute, question de Descartes par endroits, mais, en réalité, Descartes y occupe la moindre place. Le chapitre premier traite de l'Essor nouveau, le second de la Connaissance, le troisième du Relativisme. Le nom de Descartes n'apparaît que dans l'intitulé du VIIIe chapitre. L'objet du travail serait de démontrer que " tout le relativisme de Kant a été connu de Descartes " (p. 8), mais sans compter qu'une telle proposition est de nature à singulièrement surprendre les historiens de la philosophie, on voit mal comment les différents chapitres tendent à établir cette thèse. L'absence d'unité de l'ouvrage se trouve, d'ailleurs, dans le détail du développement. La liaison entre les différents paragraphes est parfois aussi peu apparente qu'entre les chapitres.

Nous ne croyons pas que l'auteur se doute de ce qu'est la méthode historique. Sans compter que les textes /cités/, trop souvent, ne sont accompagnés d'aucune référence que en permette le contrôle, on rencontre à chaque pas des affirmations, qui se présentent parfois sous la forme d'évidences, et qui ont quelque chose de quelque peu déconcertant. On lit par exemple p. 3 : " La première crise de découragement a dû se produire aux temps lointains de la Tour de Babel : les savants ayant alors élevé jusqu'aux nuages un prodigieux édifice, les philosophes et les grammairiens tombèrent dans la confusion des langues ". Un peu plus loin : " Tandis que Paris élevait des autels à la raison, Kant, au fond de l'Allemagne, mettait un bandeau sur les yeux de la déesse ". Sans compter que l'accusation d'irrationalisme adressée

---

28. CARAN – F17/13417. Ouvrage distribué le 19 novembre 1913, rapport lu en comité le 21 janvier 1914.

à Kant produit un effet singulièrement archaïque, la Révolution française est postérieure à la Critique de la Raison pure.

En résumé ce livre est d'un écrivain, qui aime les choses de la philosophie ~~mais dont l'information et la culture philosophique~~ [rayé], qui en parle avec curiosité et une sincérité incontestable, mais n'a pas les caractères qu'on doit exiger d'un travail scientifique.

É. Durkheim

Émile Durkheim

PARACELSE, *Œuvres complètes de Philippe Aureolus Théophraste Bombast de Hohenheim, dit Paracelse*, tome premier, trad. du latin et collationnées sur les éditions allemandes par Grillot DE GIVRY, Paris, Bibliothèque Chacornac, " Liber paramirum " (Les classiques de l'occulte), 1913-1914, 2 tomes, XIV-314 p. et 338 p. 7f50[29].

Avis : non
21 janvier 1914

Ce volume est le tome premier d'une traduction des œuvres complètes de Paracelse. La traduction est établie sur le texte latin collationné avec les traductions allemandes. Elle sera certainement intéressante et utile aux esprits cultivés qui voudraient avoir quelque connaissance de ces vieilles doctrines médicales ; mais on ne saurait y voir une édition scientifique. Les notes sont rares. D'ailleurs quiconque veut étudier histo [rayé] scientifiquement l'histoire des idées médicales ne saurait se contenter d'une traduction, mais doit se reporter au texte soigneusement critiqué. Pour toutes ces raisons nous ne croyons pas qu'il y ait lieu à souscription. Il convient d'ajouter que l'ouvrage aurait été mieux adressé à la section des sciences.

É. Durkheim

---

29. CARAN - F17/13453. Ouvrage distribué le 16 avril 1913, rapport lu en comité le 21 février 1914. Durkheim a le premier tome entre les mains qui a paru en 1913.

RÉMOND, Antoine, VOIVENEL, Paul, *Le génie littéraire*, Paris, Félix Alcan, " Bibliothèque de philosophie contemporaine ", 1912, 1 vol. in-8°, 304 p. 7f50[30].

Avis : non
25 février 1914

L'objet immédiat de ce livre est de rechercher les particularités anatomiques et physiologiques auxquelles paraît lié le génie littéraire, /c'est-à-dire/ le génie de l'expression des sentiments [rayé] cette forme particulière du génie qui se caractérise par l'art d'exprimer les sentiments. C'est à l'histoire même des littérateurs que les auteurs demandent les raisons de leur splendeur et celle de leur faiblesse. M.M. Remond [*sic*] et Voivenel examinent d'abord différentes hypothèses qui peuvent être ou qui ont été effectivement faites pour expliquer la supériorité de certaines œuvres. Tout d'abord faut-il attribuer à la prédominance de tel ou tel centre sensitivo-sensoriel l'orientation particulière de tel ou tel génie ? Mais la dysharmonie qui implique cette prépondérance peut tout au plus donner naissance à des fantaisies agréables quand elles ne sont pas trop prolongées ; quand au contraire cette forme de déséquilibre s'exagère, il en résulte des obscurités dans lesquelles l'auteur se perd lui-même. L'influence des excitants ne saurait être davantage invoquée comme une cause suffisamment explicative ; car l'usage d'excitant ne peut se prolonger sans déterminer un ralentissement ou une paralysie du génie créateur. Quoi qu'on en ait dit, la maladie, pas plus celle du cerveau que celle des autres organes, ne joue un rôle favorable. Quand les qualités indispensables au maintien de la race disparaissent, le génie s'étiole. Bien loin que le génie accompagne une dégénérescence, il est au contraire accompagné par un accroissement des qualités, par une progénérescence.

---

30 CARAN – F17/13456. Rapport lu en comité le 15 février 1914.

Émile Durkheim

Le génie littéraire, en particulier, est dû à un développement fonctionnel des organes du langage : c'est là son trait caractéristique. Par là, il se distingue du génie scientifique, par exemple. C'est que, chez les poètes, le langage joue le rôle principal. Mais d'un autre côté les centres cérébraux dont dépend le langage sont voisins des centres génitaux. Cette connexion explique l'étroit rapport qui unit le génie littéraire à l'instinct sexuel, et la place prise par le sentiment d'amour dans la littérature. D'où cette conclusion que les traits distinctifs de cette forme de génie sont 1°) une progénérescence de la faculté de langage 2°) une relation entre cette progénérescence et les centres " dans le domaine desquels se localisent les efforts de la nature en vue de la conversation de l'espèce ".

Par apprécier la partie technique de cet ouvrage, il faudrait avoir une compétence spéciale que nous n'avons pas. Mais il est impossible de ne pas trouver une disproportion entre le caractère paradoxal de la thèse et l'étendue de la démonstration par laquelle on croit pouvoir la justifier. Quelques pages y suffisent. Il est difficile d'admettre cependant que l'art de l'expression soit l'essentiel du génie littéraire, sans compter que l'art de l'expression lui-même ne doit pas se confondre avec la faculté verbale. Or c'est seulement l'intensité de cette faculté qu'il est possible de mesurer approximativement par le développement des centres du langage. Encore faut-il ajouter que cette localisation est des plus controversées aujourd'hui. De même, on comprend mal la place prépondérante faite au sentiment sexuel alors qu'il y a tant de littérature où l'amour ne joue qu'un rôle secondaire. Pour ces raisons, nous ne croyons pas qu'il y ait lieu à souscription.

É. Durkheim

DAVID-NEEL, Alexandra, *Le modernisme bouddhique et le bouddhisme du Bouddha,* Paris, Félix Alcan, "Bibliothèque de philosophie contemporaine ", 1911, 1 vol. in-8°, 280 p. 5f.[31]

Avis : Négatif
20 mai 1914

L'auteur ne s'est pas proposé de nous donner une étude proprement scientifique sur le Bouddhisme ; un tel sujet dépasserait singulièrement l'étendue de ce livre de 280 pages. Il a voulu seulement nous offrir un " manuel simple, élémentaire, propre à satisfaire le lecteur désireux de s'éclairer mais disposant d'un temps restreint et ne possédant aucune culture spéciale préparatoire ". <u>C'est un ouvrage de vulgarisation</u>. A ce titre, il paraît digne d'estime, sérieusement fait, autant que notre incompétence en matière de philosophie [h]indoue nous permet d'avoir un avis. Mais il ne nous semble rien ajouter de bien [rayé] d'important au livre, autrement autorisé de Oldenberg sur *Le Boudd[h]a*[32]. Le titre même n'est pas sans nous inspirer quelques craintes. Par Bouddhisme du Bouddha l'auteur entend la doctrine que l'on peut considérer comme le plus conforme aux plus anciennes traditions : on admet que, plus proche de l'enseignement du Maître lui-même, elle est plus capable de nous faire connaître sinon les paroles textuelles du maître, du moins l'esprit qui l'animait. La méthode et le principe sur lequel elle repose sont peut-être contestables. Il arrive souvent que des travaux de réduction postérieure traduisent des idées plus anciennes que des travaux plus anciens. L'ordre chronologique tout seul est un critère peu sûr.

Pour toutes ces raisons nous ne croyons pas qu'il y ait lieu à souscription.

É. Durkheim

---

31. CARAN – F17/13419. Ouvrage distribué le 15 novembre 1911, rapport lu en comité le 20 mai 1914.
32. L'ouvrage de Hermann Oldenberg, *Le Bouddha, sa vie, sa doctrine, sa communauté* (1881), traduit d'après la seconde édition par Alfred Foucher, est publié avec une préface de Sylvain Lévi, un proche de Durkheim. Paris, Alcan, 1894, VII-392 p.

Émile Durkheim

RICHARD, Gaston, *La question sociale et le mouvement philosophique au XIXe siècle,* Paris, Armand Colin, " Le Mouvement social contemporain ", 1914,1 vol. in-16°, XII-363 p. 3f5[33].

Avis : négatif
17 juin 1914

Le titre, très général, de cet ouvrage permet de pressentir qu'il n'est pas facile d'en déterminer avec un peu de précision l'objet. L'expression de <u>question sociale</u> qui y figure et en vedette n'était pas de nature à y introduire une grande indétermination [*sic*] étant donné ce qu'elle a elle-même d'imprécis. Au fond, il s'agit d'exposer à grands traits la philosophie sociale du XIXe siècle et d'en marquer l'orientation générale.

La conception que s'en fait l'auteur est assez simple. Au début du XIXe siècle, on trouve établie la philosophie de Kant et de Fichte, philosophie du droit et de l'autonomie, qui réagit contre l'immoralisme de la vieille école économique et voit dans les questions sociales des questions morales. Mais très tôt la pensée philosophique prend une direction toute différente. Avec Hegel en Allemagne, avec les traditionalistes français tels que De Maistre et de Bonald, avec Comte et le positivisme, elle se fait théocratique et sociocratique, en même temps que fataliste ou déterministe. Chez Karl Marx, ces tendances s'exagèrent encore. Mais après 1850 une réaction se produit avec Proudhon chez les socialistes, plus encore avec Renouvier, Herbert Spencer et Secrétan. C'est ce mouvement que continuent les néo-kantiens d'aujourd'hui, Bernstein, Stammler, Cohen[34] et, suivant M. Richard, ce retour aux idées kantiennes constitue un progrès et marque le sens dans lequel doit se diriger la philosophie sociale de

---

33. CARAN – F17/13456. Ouvrage distribué le 25 février 1914, rapport lu en comité le 17 juin suivant.
34. Il s'agit de Rudolphe Stammler, d'Édouard Bernstein, de Hermann Cohen et de Robert Owen.

l'avenir. M. Richard, qui avait débuté il y a une vingtaine d'années comme un adversaire méprisant du kantisme, semble [se][35] présenter lui-même dans sa propre évolution comme un raccourci de l'évolution philosophique au XIXe siècle, telle qu'il la conçoit.

Si l'on ~~se représente~~ [rayé] songe qu'il n'y a guère de philosophes depuis le XVIIIe siècle qui n'aient traité des choses sociales, on se représentera le nombre et l'étendue des problèmes historiques qu'implique le sujet choisi par M. Richard. C'est sans doute ce qui explique les [inexactitudes ?] que l'on trouve dans son livre. On est surpris de lire que en 1822 St Simon ait, dans son Catéchisme [des] Industriels invité Charles X à un coup d'Etat (p. 162 n.), que l'idée d'après laquelle l'homme est un produit du milieu est due à Owen (p. 107), que " le socialisme le plus révolutionnaire doit ses doctrines les plus caractéristiques à Auguste Comte " (p. 145). Bien des jugements déconcertent, notamment le rapprochement entre l'utilitarisme /économique/ de Spencer et le moralisme de Renouvier. Mais surtout les lacunes sont énormes. Toute la philosophie sociale du XIXe siècle est en germe chez St Simon, dont il n'est question qu'en passant. Il n'est rien dit ni de la <u>Voelkerpsychologie</u> allemande, ni de l'Ecole de Savigny, ni, plus généralement, de toute la philosophie sociale qui est immanente au romantisme allemand. La manière dont sont choisies les doctrines dans les parties paraît le plus souvent arbitraire. Au surplus malgré un certain appareil extérieur, le livre appartient à une bibliothèque de vulgarisation et ne serait-ce que pour cette raison, il ne paraît pas qu'il y ait lieu d'y souscrire.

É. Durkheim

---

35. La phrase dans sa version originale se lit : " semble nous présenter lui-même dans sa propre évolution comme un raccourci de l'évolution…".

Émile Durkheim

BERRY, Georges, et BERRY, Jean, *Le vagabondage et la mendicité en Russie, en Allemagne, en Hollande, en Belgique, dans les États Scandinaves et dans le canton de Berne*, Paris, Eugène Figuière, " Bibliothèque parlementaire ", 1 vol. in-16°, s.d. [1914], 100 p. 3f50[36].

Avis : Négatif
21 avril 1915

Estimant vieillies les solutions apportées par la législation française, M. Berry examine les mesures prises en Russie, en Allemagne, en Hollande, en Belgique, dans les Etats scandinaves, dans le canton de Berne pour supprimer ou atténuer le vagabondage et la mendicité.

L'exposition des diverses institutions (Comité de triage en Russie ; auberges hospitalières, stations, colonies ouvrières en Allemagne, etc.) a plutôt le caractère d'une relation de voyage que celui d'un rapport objectif et scientifique.

Des renseignements recueillis, M. Berry dégage les conclusions suivantes.

Dans la lutte contre la mendicité, les nations n'ont pas la tendance à secourir la classe sociale qui souffre, savent néanmoins raisonner leurs sentiments et établir une distinction entre les malheureux et les mendiants professionnels.

Elles reconnaissent que la mendicité n'est pas un délit, mais un état de fait dangereux qui appelle de simples mesures de protection : le mendiant est mis à la disposition de la société et placé par elle dans une colonie d'internement qui lui fournit du travail. Son retour ultérieur dans la société redevient ainsi possible. C'est seulement pour les mendiants qualifiés que la répression est nécessaire. Mais ici encore la colonie de répression doit remplacer la prison. La législation française, elle, a le tort de punir, au lieu de prévenir. En portant son attention sur les

---

36. CARAN – F17/13408. Ouvrage distribué le 17 juin 1914.

accidents du travail avec les retraites ouvrières, le législateur a eu égard aux infirmes et aux vieillards, il n'a rien fait pour les sans-travail et la vraie misère. Notre législation trouvera à l'étranger des modèles à imiter.

Si ce livre est d'une lecture facile, si les idées en paraissent judicieuses, c'est plutôt une œuvre de vulgarisation qu'un travail scientifique /et personnel/ et, pour cette raison, une souscription ministérielle nous paraît inutile.

É. Durkheim

Émile Durkheim

MICHELS, Roberto, *Amour et chasteté. Essais sociologiques*, trad. de *Limiti della morale sessuale. Prolegomena : indagini e pensieri* (1912) par Mario GALANTI, Paris, V. Giard et E. Brière, 1913, 1 vol. in-8°, 256 p[37].

Avis : négatif
21 avril 1915

Rapport sur demande
de souscription
Avis négatif.
Amour et chasteté. Essais sociologiques
par Robert Michels
Editeurs. Giard et Brière
1 vol. 8°
Prix 5f

En vue de poser tout au moins le problème sexuel, M. Michels cherche à dégager de la psychologie masculine, telle que la lui révèlent tant ses expériences propres que les analyses des romanciers et des poètes, les postulats impliqués dans les relations sexuelles. Puis il s'efforce d'éprouver leur valeur éthique en les confrontant avec un critère moral : celui du respect de la personne.

Il est assez malaisé de suivre l'auteur dans les développements de sa pensée. Les chapitres se rattachent imparfaitement les uns aux autres. Après avoir montré que l'amour est, par lui-même, un instinct naturel et amoral, comme la faim par exemple, soustrait par conséquent à toute évaluation morale, il montre que le consensus des personnes suffit à lui conférer un caractère moral. Il passe ensuite à la pudeur, de là à la prostitution qui serait pour lui le résultat d'une lutte économique et d'un antagonisme, de la tendance de la femme à se donner et à se refuser, tendance à

---

37. CARAN – F17/13449. Ouvrage distribué le 24 décembre 1913, rapport lu en comité le 21 avril 1915. Le rapport est sur papier libre (copie double d'écolier, petit format).

laquelle il donne le nom de dualisme sexuel, de ~~tendance~~ [rayé] la valeur et des limites de la chasteté pour en venir dans [le] chapitre /qui est/ le plus étendu de l'ouvrage, à se faire l'apôtre du /néo-/ malthusianisme. Les raisons pour lesquelles il le recommande ne sont pas seulement la nécessité de lutter contre la misère, ou le besoin de conserver les fortunes. Mais c'est aussi parce que la fréquence des naissances, en diminuant la valeur érotique de la femme, menace le bonheur sexuel des époux ; c'est que la maternité perpétuelle détruit chez la femme ses dons intellectuels et artistiques, etc.

Ce livre est l'œuvre d'un publiciste, plus que d'un savant. Malgré le sous-titre qu'il porte, <u>Essais sociologiques</u> on n'y trouve presque aucune analyse historique permettant d'aperce-voir de quels éléments se sont constitués, au cours de l'histoire, les sentiments et les idées dont il est parlé. D'une manière générale [il] n'a qu'une conscience insuffisante de la complexité extrême du sujet qu'il traite. /La documentation est toute littéraire/. Pour toutes ces raisons nous ne croyons pas qu'il y ait lieu à souscription ministérielle.

É. Durkheim

Émile Durkheim

SZERER, Mieczyslaw, *La conception sociologique de la peine*, trad. du polonais par Maurice DUVAL, Paris, V. Giard et E. Brière, " Bibliothèque sociologique internationale ", 1914, 1 vol. in-8°, 207 p. 4f[38].

Avis : défavorable
16 juin 1915

Comité des Travaux historiques et Scientifiques

Souscription
La Conception sociologique de la peine par Mieczyslaw Szerer
(traduit du Polonais par Maurice Duval)
1 vol 8°
chez Giard et Brière, 1914
Prix 4 fr.

La thèse fondamentale est la distinction de la vengeance et de la peine. L'auteur n'admet même pas que la peine puisse avoir pour objet de venger, non un individu ou un groupe lésé, mais la conscience morale publique, allant être lésée par le crime et que la peine, par l'expiation qu'elle impose remet à sa tonalité normale. Il est vrai que l'auteur ne paraît pas avoir très bien compris la théorie qu'il rejette ainsi.

Pour lui, la vengeance est de source purement psychologique, c'est une réaction spontanée due à l'irritabilité de la nature humaine. Cette réaction prolonge le désordre et le déséquilibre que le mal a pu occasionner.

La peine est de source sociale ; c'est une invention humaine. Elle a son origine dans la volonté manifestée par la classe dominante pour maintenir l'existence d'un pouvoir organisé,

---

38. CARAN – F17/13449. Ouvrage distribué le 19 novembre 1913, rapport lu en comité le 16 juin 1914. Le rapport est sur papier libre (copie double d'écolier, petit format).

d'une formation sociale déterminée. C'est une mesure de conservation qui rétablit l'ordre et l'équilibre.

Ces deux phénomènes différentes répondent à des moments différents de l'évolution sociale.

La société primitive est née d'un besoin d'aide naturelle qu'éprouvent les hommes dans la lutte pour la vie ; il n'y a alors aucune différenciation entre les membres du groupe. Le groupe se sent atteint dans l'individu, est solidaire de la souffrance rencontrée par ce dernier et la vengeance est le désir subjectif du groupe pris dans sa totalité.

Avec l'extension des relations sociales et l'introduction de la différentiation parmi les membres du groupe, les classes se forment ; l'autorité du chef devient le partage de la classe dominante. Et, la coopération naissant, la classe dominante introduit " des formations sociales avantageuses, une organisation [" ?]. Contre les essais tentés par des volontés individuelles pour ébranler la réglementation de la coopération apparaît la peine.

De cette analyse sociologique l'auteur déduit quelques conclusions pratiques sur les réformes qu'appelle la peine.

Ce travail est surtout une construction idéologique ; la documentation en est maigre, étant donné surtout l'ampleur du sujet. L'auteur fait preuve pourtant de qualités d'intelligence, d'exposition, de finesse dialectique même, et nous pourrions conclure à une souscription très modérée s'il ne s'agissait d'une traduction. Il nous semble que les traductions d'ouvrages étrangers ne doivent bénéficier d'une souscription ministérielle que quand elles sont d'un mérite particulier.

É. Durkheim

Émile Durkheim

DUBUISSON, Alfred, *Positivisme intégral. Foi, Morale, Politique d'après les dernières conceptions d'Auguste Comte,* Avant-propos Eugène Fournière, Paris, Georges Crès, Librairie ancienne et moderne, " Bibliothèque d'études positivistes ", 1910, 1 vol. in-8°, VIII-352 p. 6f[39].

Avis : défavorable
17 novembre 1915

Le " positivisme intégral " c'est le système des propositions, plus pratiques encore que théoriques, qui peuvent être logiquement déduites des conceptions fondamentales du Comtisme. Il s'agit en somme d'exposer à nouveau la philosophie pratique de Comte en la complétant sur les points où le maître a laissé son œuvre inachevée.

Ce travail, M. Dubuisson, un des exécuteurs testamentaires de Comte l'a entrepris et conduit avec un sentiment de piété religieuse. Avec un autre de ses confrères, Le Dr. Audiffrent, M. Dubuisson estime que " le positivisme a réponse à tout " mais " à condition qu'on l'accepte dans son intégralité ". Avec Comte lui-même, il déclare que les ultimes conceptions du fondateur du positivisme " sont de nature à clore définitivement notre longue transition religieuse ". Dans ces conditions, on ne saurait s'attendre à trouver dans ce livre rien de bien nouveau ni d'original. On peut même dire que toute originalité est nécessairement [rayé] bannie a priori. Les idées comtistes y sont reprises, analysées, développées, mais sans que rien d'important y soit ajouté.

L'auteur de la présente notice est de ceux qui croient à la grandeur et à l'importance de l'action que la pensée comtiste a exercée sur l'évolution intellectuelle du XIXe et du XXe [rayé]

---

39. CARAN – F17/13423. Ouvrage distribué le 15 novembre 1911, rapport lu en comité le 17 novembre 1915. Le rapport de Durkheim est accompagné d'une lettre en encre violette tapée à la machine de l'éditeur de l'ouvrage le recommandant au Ministre pour souscription.

siècle. Mais il croit aussi que la vraie manière de continuer Comte est de le renouveler, non de le répéter littéralement. Les systèmes dans lesquels il vit aujourd'hui sont ceux qu'il a suscités, non dans celui qu'il a créé et qui appartient désormais à l'histoire. Une doctrine qui repose sur une base scientifique ne peut être en 1915 ce qu'elle était dans la première moitié du siècle précédent. C'est donc un historien qu'il convient d'étudier. Or tel n'est pas le point de vue auquel se place M. Dubuisson dont le but est, avant tout, dogmatique. Il réédite Comte en l'abrégeant. Or pour connaître la pensée de Comte, le mieux est d'aller l'étudier à sa source même. Nous ne croyons donc pas qu'il y ait lieu de souscrire à cet ouvrage.

É. Durkheim

Émile Durkheim

Avis positifs

17 novembre 1903	LÉVY-BRUHL, L. *La morale et la science des mœurs.*
16 novembre 1904	BASCH, V. *L'individualisme anarchiste. Max Stirner.*
16 mai 1906	JAMES, W. *L'expérience religieuse.*
20 février 1907	DUMAS, G. *Le sourire, psychologie et physiologie.*
15 mai 1907	SPENCER, H. *Une autobiographie.*
17 juillet 1907	RIBOT, T. *Essai sur les passions.*
20 novembre 1907	LACHELIER, J. *Études sur le syllogisme.*
21 février 1912	DUGAS, L. *L'éducation du caractère.*
17 juillet 1912	BERTHELOT, R. *Un romantisme utilitaire, étude sur le mouvement pragmatiste.*
17 juillet 1912	BOHN, G. *La nouvelle psychologie animale.*
19 février 1913	DUPRÉEL, E. *Le Rapport social. Essai sur l'objet et la méthode de la sociologie.*
19 février 1913	SCHOPENHAUER, A. *" Parerga " et " Paralipomena ". Essai sur les apparitions et opuscules divers.*
19 février 1913	WILBOIS, A. *Devoir et durée. Essai de morale sociale.*
16 avril 1913	CYON, É. *Dieu et science. Essai de psychologie en sciences.*
16 avril 1913	LE DANTEC, F. *Le chaos et l'harmonie universelle.*
16 avril 1913	SIMMEL, G. *Mélanges de philosophie relativiste.*
19 novembre 1913	HACHET-SOUPLET, P. *La genèse des instincts.*
18 mars 1914	RIBOT, T. *La vie inconsciente et les mouvements.*
16 juin 1915	DUGAS, L. *Penseurs libres et liberté de pensée.*

LÉVY-BRUHL, Lucien, *La morale et la science des mœurs*, Paris, Félix Alcan, " Bibliothèque de philosophie contemporaine ", 1903, 1 vol. in-8°, 300 p. 5f[40].

Décision : favorable
17 novembre 1903

L'objet de cet ouvrage est de montrer qu'il existe une science positive des faits moraux et que c'est sur cette science que doivent s'appuyer les spéculations pratiques des moralistes.

On distingue d'ordinaire /dans la morale/ deux parties et presque deux disciplines distinctes ; d'une part, la morale /qu'on appelle/ théorique et, de l'autre, la morale pratique. La première, comme son nom l'indique, passe pour être une investigation proprement scientifique. M. Lévy-Bruhl établit, par une discussion très serrée, qu'elle n'a aucunement droit à cette dénomination; elle ne constitue à aucun degré une science. En effet, elle a pour but, non d'exprimer une réalité donnée, mais de déterminer les principes généraux du devoir faire. Elle cherche quelles fins l'homme <u>doit</u> poursuivre et comment ces fins <u>doivent</u> se hiérarchiser. Or les sciences ont pour unique fonction de connaître et d'expliquer ce qui est, non de prescrire et de légiférer. On a cru, il est vrai, échapper à l'objection en appelant la morale théorique une science normative ; mais l'accouplement de ces deux mots, logiquement incompatibles, ne fait qu'exprimer, sans l'atténuer, la contradiction inhérente à la conception. Une science peut bien arriver à des conclusions qui peuvent ensuite ~~servir~~ [rayé] permettre l'établissement de normes ;

---

40. CARAN – F17/13443. Ouvrage distribué le 15 juillet 1903, rapport lu en comité le 16 décembre suivant. Analyse de Durkheim, 1904, *L'Année sociologique*, vol. VII, p. 380-384. Troisième Section, Sociologie morale et juridique, I. Théories générales sur le droit et la morale. B. Sur la morale en général. [Bouglé, Durkheim, Fauconnet, Lapie et Parodi.] Note critique de F. Simiand, 1903, *Notes critiques - Sciences sociales*, 4e année, n° 26 (nouvelle série), juin, notice 166, p. 165-166. I. Sociologie en général.

elle n'est pas normative par elle-même. La notion d'une morale théorique est donc bâtarde ; c'est un mélange confus de considérations proprement scientifiques et de considérations pratiques, avec une prépondérance marquée de ces dernières.

Cette confusion de la théorie et de la pratique n'est pas d'ailleurs particulière à la morale ; on la retrouve au début de toutes les sciences humaines et partout elle a eu pour effet de retarder l'essor de la pensée véritablement théorique. C'est ainsi que la physiologie n'a pu se développer tant qu'elle est restée confondue avec l'art médical. Mais de même que la dissociation de ces deux éléments – l'art et la science – a fini par s'effectuer dans les autres disciplines, elle s'accomplira en morale, et l'auteur estime que ce moment est venu. Sans doute, elle est plus difficile ici qu'ailleurs. Car la morale s'est reconvertie [rayé] est marquée d'un caractère religieux qui la soustrait à la pensée scientifique, c'est-à-dire à la pensée libre. Mais cette résistance ne saurait durer. Il doit se constituer une science qui entreprenne d'étudier la morale telle qu'elle est dans le seul but de la connaître et de l'expliquer et l'auteur ajoute d'ailleurs que cette science est déjà plus qu'un <u>desideratum</u> ; elle a commencé à devenir une réalité dans les travaux de certains sociologues contemporains.

L'objet de cette science, ce sont les morales diverses qui sont ou ont été effectivement pratiquées par les différentes sociétés humaines. Chaque type social a sa discipline morale qui lui est propre ; elle est faite de maximes, de coutumes, de croyances qui sont aussi réelles que les autres phénomènes de la nature. Il y a donc là des faits qui peuvent être décrits, expliqués, qui, par conséquent, peuvent servir de matière à une investigation proprement scientifique. La morale d'un peuple pris à un moment donné de son histoire n'est pas à créer ; elle existe ; c'est une réalité. La vieille conception d'après laquelle il a y une morale naturelle et une seule, à savoir celle qui est fondée dans la constitution humaine en général, n'est plus actuellement soutenable. Toutes les institutions morales que l'on rencontre dans l'histoire sont également naturelles, en ce sens qu'elles sont fondues dans la nature des sociétés qui les pratiquent. Etant donnée la manière dont telle société est constituée, il est impossible qu'elle n'ait pas telle morale. Elle ne reçoit donc pas sa morale des mains d'un penseur de génie ; elle la reçoit avec son organisation ; c'est-à-dire avec sa vie. La science de la réalité morale ainsi considérée, c'est la <u>science des mœurs</u> que l'auteur oppose justement à la morale théorique. Et puisque manifestement, les causes dont dépend chaque morale sont sociales, la science des mœurs est une branche de la sociologie.

C'est cette science qui seule peut fournir une base rationnelle à l'art moral. A mesure que l'on connaîtra mieux les lois de la réalité morale, on sera mieux en mesure de la modifier rationnellement, de dire ce qu'elle doit être. L'auteur esquisse dans la dernière partie de son livre les règles qui déterminent la manière dont doivent avoir lieu ces sortes d'interventions.

Telles sont les principales idées qui sont développées dans cet ouvrage ~~qui se fait remarquer par une grande souplesse~~ [rayé] avec une véritable ~~vigueur~~ [rayé] pénétration dialectique et une rare lucidité. Nous croyons très souhaitable qu'il se répande parmi les professeurs de lycée, car il ne peut que les induire à donner à leur enseignement de la morale un caractère plus concret et plus vivant.

Nous ne pouvons donc qu'émettre un avis favorable à la demande de souscription.

É. Durkheim

[Annotation à l'envers en bas de page, autre main, crayon, soulignement simple]
[Han ?]
<u>134 R. Rivoli</u>

Émile Durkheim

BASCH, Victor, *L'individualisme anarchiste. Max Stirner*, Paris, Félix Alcan, " Bibliothèque générale de sciences sociales ", 1904, 1 vol. in-8°, VI-288 p. 6f.[41]

Avis : Favorable
16 novembre 1904 [autre main raye la date de " 20 juillet 1904 " qui a été écrite par Durkheim.]

Le succès posthume de Nietzsche a remis en honn [rayé] appelé l'attention sur son précurseur immédiat, Max Stirner. L'objet du livre de M. Basch est de reconstituer la doctrine de Stirner, de la ramener à ses principes essentiels et enfin, de la situer dans l'histoire générale des idées au XIXe siècle.

La philosophie de Stirner nous est présentée comme une réaction contre celle de Hegel, bien qu'elle en soit sortie. Alors que le panthéisme Hegelien absorbait l'individu dans le tout, Stirner affirme les droits de l'individu comme les seuls qui soient fondés dans la nature des choses. Et par individu, n'entend pas l'homme en général, l'être humain dans ce qu'il a d'essentiel, mais la personnalité empirique de chacun de nous avec ce qu'elle a de /particulier et de/ distinctif. C'est notre moi individuel qui est la seule chose sacrée. Au dessus de lui, il n'y a rien ; sa volonté ne saurait reconnaître d'autres limites que celles qu'elle s'impose à

---

41. CARAN – F17/13406. Ouvrage distribué le 25 mai 1904, rapport de souscription lu le 16 novembre 1904. Rapport publié dans le *Bulletin du CTHS, Section des sciences économiques et sociales, Séances et rapports*, année 1904, Paris, Imprimerie nationale, 1905, p. 46-47. Analyse de C. Bouglé, 1905, *L'Année sociologique.*, vol. VIII, p. 220-221. Première Section, Sociologie générale. VIII. Histoire des doctrines. [Bouglé et Aubin.] Note critique de Jean Reynier, 1904, *Notes critiques - Sciences sociales* , n° 37 (n^{elle} série), juillet, notice 1106, p. 231-233. VI. Études diverses. C. Socialisme. *Cf.* Intervention de Durkheim à une soutenance de thèse, *Revue de métaphysique et de morale*, vol. XII, mai 1904. M. Albert Lévy, *Stirner et Nietzsche*. La traduction anglaise est publiée dans S. Lukes, 1985 [1973], *Émile Durkheim. His Life and Work*, Stanford, Stanford University Press, Appendice. p. 624.

elles-mêmes [*sic*]. Son droit va jusqu'où va son pouvoir et le but ultime de toute l'évolution sociale est de réaliser cet affranchissement complet de l'individu.

Après avoir caractérisé la doctrine de Stirner, l'auteur, dans une seconde partie de son livre, s'efforce de déterminer ses rapports avec les autres doctrines individualistes ~~du XIXe siècle~~ [rayé] : celle de Kant qu'il qualifie d'individualisme du droit, et celle des anarchistes. Avec l'individualisme Kantien et avec l'anarchisme, Stirner admet que chaque individu constitue une sorte de monade, ~~inco~~ incommunicable aux autres, un absolu qui ne peut être comparé qu'à lui-même. Mais tandis que pour Kant et les anarchistes, l'individualisme n'est qu'un moyen, ici, de réaliser le devoir, là de travailler au bonheur de l'espèce, pour Stirner ~~l'individualisme se suffit~~ [rayé] l'affranchissement de l'individu est à lui-même sa propre fin. L'unique doit se libérer parce qu'il est bon qu'il se libère, qu'il soit lui-même, sans discrimination d'aucune sorte. La notion d'un frein moral est /donc nécessairement/ étrangère à une telle conception.

Telles sont les idées exposés dans ce livre, dont on peut, sans doute, contester certaines assertions historiques, mais qui est bien documenté, suggestif, écrit parfois d'une manière brillante [et qui nous paraît mériter de tous points les honneurs d'une souscription.].

É. Durkheim

Émile Durkheim

JAMES, William, *L'expérience religieuse. Essai de psychologie descriptive*, trad. avec autorisation de l'auteur de *The Varieties of Religious Experience. A Study in Human Nature, being the Gifford Lectures on Natural Religion delivered at Edinburgh in 1901-1902* (1902) par Frank ABAUZIT, Préf. Émile BOUTROUX, Paris/Genève, Félix Alcan/Henry Kündig, 1906, 1 vol. in-8°, XXIV-449 p. 10f[42].

Avis : favorable
16 mai 1906

Quelques réserves que l'on puisse faire sur la thèse soutenue par M. William James, son ouvrage est aujourd'hui trop connu, il a été l'objet de trop importantes discussions pour ne pas approuver l'idée que l'on a eue d'en offrir une traduction au public français. Quelle que soit la doctrine personnelle de l'auteur, on trouve dans ce livre une remarquable et instructive collection de documents sur les divers courants religieux qui travaillent notre époque. A ce titre, il nous [rayé] Il convient d'ajouter que la traduction en est excellente. Le traducteur a trouvé moyen de faire passer dans le texte français toute la saveur de l'original. Pour toutes ces raisons, ce travail nous paraît avoir tous les droits à été honoré d'une souscription.

É. Durkheim

---

42. CARAN – F17/13456. Ouvrage distribué le 21 février 1906. Traduction française de *The Varieties of Religious Experience. A Study in Human Nature, being the Gifford Lectures on Natural Religion delivered at Edinburgh in 1901-1902*, New York, Modern Library, 1902, XVIIII-526 p. Analyse de M. Mauss, 1904, sur Wm. James, *The Varieties of Religious Experience*, in *L'Année sociologique*, vol. VII, p. 204-212. Deuxième Section, Sociologie religieuse, I. Philosophie religieuse, conceptions générales. [Hubert et Mauss] ; l'analyse de Mauss sur James est groupé ; ci-après les autres ouvrages qui font l'objet de l'analyse : Th. Flournoy, *Les variétés de l'expérience religieuse*, etc.

Revue philosophique, septembre 1902, H. Delacroix, *Les variétés de l'expérience religieuse*, *Revue de métaphysique et de morale*, 1903, H. Leuba, *Les tendances religieuses chez les mystiques chrétiens*, *Revue philosophique*, 1902, É. Boutroux, *La psychologie du mysticisme, Bulletin de l'Institut Psychologique*, 1902, Indication bibliographique sans commentaire (*Expérience religieuse*), 1906, *Notes critiques - Sciences sociales*, 7ᵉ année, n° 5-56 (nouvelle série), mai-juin, notice 862, p. 176. V. Études diverses. A. Questions morales et religieuses. Lors de la 3ᵉ édition, revue et corrigée, la traduction est couronnée par l'Académie française. Publication : Nîmes, Imprimerie " la Laborieuse ", Félix Alcan, 1932, XXIV-462 p. Durkheim analyse cette étude dans *Pragmatisme et sociologie*, p. 130 *et sq.* Durkheim cite l'ouvrage dans *Formes élémentaires de la vie religieuse*, Paris, Presses universitaires de France, " Quadrige ", 1998, p. 618.

Émile Durkheim

DUMAS, Georges, *Le sourire, psychologie et physiologie. Travaux du laboratoire de psychologie de l'Asile Sainte-Anne*, Paris, Félix Alcan, " Bibliothèque de philosophie contemporaine ", 1906, 1 vol. in-16°, 167 p. 2f50[43].

Avis : favorable
20 février 1907

Monsieur Dumas nous donne dans ce petit livre une étude à la fois physiologique et psychologique du sourire. L'auteur commence par établir qu'en lui-même le sourire n'est qu'un réflexe, dénué de toute valeur expressive ; c'est la réaction motrice la plus facile des muscles du visage pour toute excitation légère du facial, que cette excitation soit sensitive, électrique, circulatoire, traumatique ou inflammatoire. Tout un ensemble d'expériences et d'observations cliniques servent à établir cette proposition fondamentale du livre.

Comment donc ce sourire spontané et automatique devient-il le sourire volontaire et expressif dont nous éclairons consciemment notre physionomie quand nous voulons indiquer à autrui que nous éprouvons quelque sentiment de joie ; *ou* [autre main, encre brune] que, nous ~~ressentons quelque émotion~~ [rayé] voulons traduire quelque émotion sympathique ? C'est que les excitations légères sont agréables. L'idée de plaisir et la représentation d'une excitation modérée se sont donc associées dans les esprits ; et, par suite, l'hypertonus qui ne traduit que l'excitation modérée du facial a été tout naturellement et de bonne heure considéré comme un signe de joie légère, de plaisir. C'est la loi de mécanique qui l'a associé aux plaisirs qui lui a donné son sens expressif. Du moment où il a été une expression de la joie, on s'explique aisément que nous l'ayons volontairement employé pour traduire des sentiments agréables. C'est ainsi que naquit le sourire conventionnel et volontaire.

---

43. CARAN – F17/13456. Rapport lu en comité le 20 novembre 1907.

Dans le dernier chapitre l'auteur indique comment sa théorie du sourire pourrait être étendue à l'expression des émotions en général.

Ce livre constitue une très bonne monographie de psychologie expérimentale et, par conséquent, nous pensons qu'il y a lieu d'y souscrire.

É. Durkheim

Émile Durkheim

SPENCER, Herbert, *Une autobiographie*, trad. et adaptation de *An Autobiography* (1904) par Henri VARIGNY, Julie de MESTRAL COMBREMENT et Mlle G. CROSNIER de VARIGNY, Paris, Félix Alcan, " Bibliothèque de philosophie contemporaine ", 1907, 1 vol. in-8°, III-550 p. 10f[44].

Avis : favorable
15 mai 1907

L'ouvrage original dont nous avons ici la traduction forme deux volumes. M. de Varigny a cru devoir les condenser en un seul. Pour arriver à ce résultat, il a remplacé par des résumés les passages qui lui semblaient les moins importants. Il en résultait [*sic*] que au cours d'un même chapitre, nous avons tantôt le texte de M. Spencer, tantôt l'abrégé du traducteur. Dans le premier cas, Spencer parle en son propre nom, dans le second, c'est M. Varigny qui parle au nom de Spencer. Cette alternance ne laisse pas de rendre la lecture quelque peu fatiguante [*sic*]. Néanmoins nous pensons qu'il y a lieu de souscrire un certain nombre d'exemplaires de cet ouvrage où l'on trouve parfois des renseignements intéressants sur la formation et le développement de la pensée de Spencer.

É. Durkheim

---

[44]. CARAN – F17/13462. Ouvrage distribué le 20 février 1907, rapport lu en comité le 15 mai suivant.

RIBOT, Théodule, *Essai sur les passions*, Paris, Félix Alcan, " Bibliothèque philosophique contemporaine ", 1907, 1 vol. in-8°, VII-192 p. 3f75[45].

Avis : favorable
17 juillet 1907

L'objet de ce livre est de réintroduire dans les cadres de la psychologie l'étude des passions qui en était depuis assez longtemps sortie. Pour cela, M. Ribot s'attache à établir qu'il existe bien une catégorie déterminée de phénomènes psychologiques qu'on peut ranger sous ce titre spécial. Pour faire cette démonstration, il commence par fixer avec le plus de précisions possibles quels sont les caractères distinctifs des passions et les éléments qui les constituent. Il les rattache aux tendances et aux émotions, mais en masquant leur physionomie profonde au milieu des autres faits de l'ordre affectif : ce sont, dit-il ["] des émotions prolongées et intellectualisées ". La passion apparaît ainsi comme une formation complexe, secondaire et même tertiaire, où il entre, outre des tendances, des instincts, de la pensée et de la réflexion. Cela fait, M. Ribot essaye une sorte de généalogie des passions. Étant des phénomènes secondaires, chacune d'elles doit pourvoir être ramenée à un état primaire, c'est-à-dire à une tendance fondamentale. Monsieur Ribot est ainsi amené à distinguer " trois sortes de passions, suivant qu'elles sont en rapport avec l'une ou l'autre des quatre sortes de tendances suivantes : 1°) tendances ayant pour but la conservation de l'individu (gourmandise, ivrognerie) ; 2°) tendances propres à la conservation de l'espèce (l'amour sexuel et ses diverses modalités) ; 3° tendances qui contribuent à l'expression de l'individu, à l'affirmation de sa volonté de puissance (ambition,

---

45. CARAN – F17/13456. Rapport lu en comité le 17 juillet 1907. vol. 1. Psychologie. vol. 2. Logique des sentiments. *Cf.* Dr. Joseph Rogues de Fursac, *Revue philosophique*, 31e année, tome 61, n° 1-2, janv.-fév. 1906, sur l'avarice, étude à laquelle Ribot fait de nombreux emprunts.

avarice ~~haines diverses~~ [rayé] etc.). Un quatrième groupe comprend les passions esthétiques, scientifiques et religieuses qui ont pour racine les ~~passions~~ [rayé] tendances correspondantes.

Après avoir cherché comment les passions se forment, M. Ribot se demande dans un dernier chapitre comment elles finissent. [Il montre ?] mourant par épuisement /naturel/, ou se transformant ou prenant fin soit par la folie soit par la mort.

Toutes ces questions sont traitées avec la science et la finesse d'analyse, [phrase raturée] que l'on trouve dans tous les ouvrages de M. Ribot. Ce livre, comme ceux qui l'on précédé, nous paraît donc avoir sa place marquée dans les Bibliothèques publiques et nous proposons, en conséquence, qu'une souscription, en rapport avec l'intérêt qu'il présente, lui soit accordée.

É. Durkheim

LACHELIER, Jules, *Études sur le syllogisme, suivies de l'Observation de Platner et d'une note sur le "Philèbe"*, Paris, Félix Alcan, 1907, 1 vol. in-18°, 163 p. 2f50[46].

Avis : favorable
20 novembre 1907

Dans ce livre M. Lachelier a réuni plusieurs études, parues précédemment dans différentes revues. Le morceau principal est formé par une Étude sur le syllogisme qui n'est autre chose que la traduction de la thèse latine de M. Lachelier sur le /même/ sujet.

C'est la première fois que cette traduction paraît en librairie. On sait, d'autre part, l'importance de ce travail qui, bien qu'il remonte à une époque déjà assez ancienne, est resté classique. Il est donc bon qu'il soit mis à la porté des travailleurs sous une forme qui le rende plus accessible et plus maniable.

C'est pourquoi nous pensons qu'il y a lieu de souscrire à cet ouvrage, en tenant compte pourtant de ce fait que les études qu'il renferme se trouvent déjà dans la Revue Philosophique et dans la Revue de Métaphysique.

É. Durkheim

---

46. CARAN – F17/13438. Extraits avec corrections et additions de la *Revue philosophique* et de la *Revue de métaphysique et de morale*.

Émile Durkheim

DUGAS, Ludovic, *L'éducation du caractère*, Paris, Félix Alcan, " Bibliothèque de philosophie contemporaine ", 1912, 1 vol. in-8°, XI-258 p. 5f[47].

Avis : oui
21 février 1912

L'idée qui est à la base de cet ouvrage est la suivante : il y a deux sortes de caractères, l'un inné, l'autre acquis et le caractère complet est la synthèse de l'un et de l'autre. Le caractère acquis est celui qu'on se donne par un effort énergique et suivi de la volonté ; mais celui-ci n'est lui-même que la réalisation du caractère inné. Les seules habitudes que l'on puisse utilement ou que l'on doive contracter sont celles qui sont conformes à notre nature ou qui, du moins, ne vont pas jusqu'à la contredire. En définitive, il s'agit d'être soi-même.

Mais puisque cette nature est donnée, ne s'ensuit-il pas que l'éducation du caractère soit vaine ou impossible ? que le caractère soit d'emblée tout ce qu'il est et peut devenir, qu'il n'y a qu'à rester égal à lui-même ? Nullement, répond l'auteur, car le caractère inné est une pure virtualité, un simple possible ; il faut qu'il s'actualise et se manifeste ; il faut qu'il prenne conscience de soi, qu'il se constitue et se forme. " Un caractère n'existe pas <u>a priori</u> ; il est un fait d'expérience, et l'expérience qui le ~~manifeste~~ [rayé] réalise et le manifeste c'est l'habitude. Il est donc également vrai de dire que l'habitude n'existe pas en dehors du caractère et que le caractère n'existe pas en dehors de l'habitude " (p. 175).

Mais si chacun se développe dans le sens de sa nature individuelle comment le conformisme, sans lequel il ne saurait y avoir de vie sociale, sera-t-il possible ? L'auteur refuse énergiquement à la société le droit d'exercer aucune action en vue d'altérer la nature de l'individu, de lui imprimer une marque

---

47. CARAN – F17/13423.

collective qui ne soit pas en harmonie avec ses tendance constitutionnelles. Mais alors l'éducation exclut toute idée d'une action exercée du dehors sur le dedans ? M. Dugas ne va pas jusqu'à admettre cette conséquence extrême du principe posé. Il lui paraît suffisant que cette action soit acceptée, consentie par le sujet, de telle sorte que " le caractère paraisse diriger la direction qui lui est imprimée " (p. 226).

Telles sont les idées fondamentales qui reviennent avec une certaine monotonie au cours de cet ouvrage. Elles sont répétées sous des formes variées, plus qu'elles ne sont analysées et développées. On n'a pas l'impression d'une pensée qui marche, qui vive, qui avance. Le lien entre les chapitres n'est pas toujours très apparent. D'un autre côté les difficultés que soulève la thèse soutenue sont examinées bien sommairement. Si l'action sociale en vue de pénétrer les esprits de croyances communes n'est légitime que dans la mesure où elle est consentie, elle est le plus souvent illégitime. Car il est impossible que nous acquiescions de propos délibéré aux influences innombrables qui contribuent à nous former depuis notre première enfance. Enfin on voit mal comment cet acquiescement pourrait être souvent donné, si l'individu est en face de la société, une espèce de rebelle constitutionnel comme paraît l'admettre l'auteur.

La thèse paraît donc assez vague et l'argumentation un peu trop dialectique. Mais la pensée est d'une grande droiture et sincérité ; il y a d'assez subtiles analyses, le style est de bon aloi et pour ces raisons nous croyons pouvoir proposer une souscription <u>modérée</u>.

É. Durkheim

Émile Durkheim

BERTHELOT, René, *Un romantisme utilitaire, étude sur le mouvement pragmatiste*, Vol. 1, *Le Pragmatisme chez Nietzsche et Poincaré*, Paris, Félix Alcan, " Bibliothèque de philosophie contemporaine ", 1911, 1 vol. in-8°, 416 p. 7f50[48].

Avis : Oui
17 juillet 1912

Cette étude sur le mouvement pragmatiste se rapporte, en réalité, à deux auteurs qui ne sont pas à proprement parler des pragmatistes. L'un d'eux, Nietzsche, est antérieur à la constitution de la doctrine, et l'autre, M. Poincaré, n'accepterait certainement pas cette qualification.

Il n'est pas douteux cependant que l'on trouve réellement chez Nietzsche tous les éléments du pragmatisme en eux-mêmes [rayé] ; c'est ce que montre bien M. Berthelot. Cela fait, il entreprend de remonter jusqu'aux origines de ce qu'on pourrait appeler le pragmatisme de Nietzsche et il croit les trouver d'une part dans le romantisme allemand et, de l'autre, dans l'utilitarisme et l'évolution[n]isme anglais. Au premier, il aurait emprunté l'idée de la force et de la supériorité de l'action sur la spéculation ; au second, le principe que l'utilité est le critère de toute valeur dans l'ordre de la théorie comme dans celui de la pratique. Cela fait, il lui est facile de faire apparaître une contradiction fondamentale dans la pensée de Nietzsche. Celui-ci s'appuie en effet, /et/ sur les conceptions vitalistes, dynamistes des romantiques, et sur les conceptions mécanistes des utilitaristes. De même, il s'engage contre la notion commune de la vérité opposée à l'erreur ; or les principes de sa doctrine sont en partie empruntés à l'évolutionnisme, et, par conséquent, aux sciences biologiques qui reposent pourtant sur cette notion commune de la vérité.

---

48. CARAN – F17/13408. Ouvrage distribué le 17 mai 1911.

Et cependant, malgré cette antinomie essentielle, M. Berthelot croit que le pragmatisme de Nietzsche peut être utile tant au point de vue théorique qu'au point de vue pratique et moral. Mais c'est à condition de subir une transformation profonde : il faut transposer la thèse pragmatiste " dans les cadres d'un idéalisme rationnel ".

M. Berthelot procède de même avec le pragmatisme de M. Poincaré. Après avoir exposé et discuté les théories de ce dernier sur les mathématiques et sur la physique, il s'efforce de faire voir comment ils pourraient être repris et tournés dans le sens d'un idéalisme intégral. Toute cette discussion qu'il est difficile de résumer est ingénieuse, subtile, souvent pénétrante quoique cela ait souvent un air un peu dialectique et même parfois scolastique. C'est un effort intéressant pour critiquer le pragmatisme en l'approfondissant et en le dépassant. On peut regretter toutefois le manque d'unité du livre. Le pragmatisme de Nietzsche ou ce qu'on pourrait appeler ainsi est bien différent du pragmatisme de M. Poincaré et on voit mal pourquoi ces deux études ont été réunies dans un même volume. Elles sont juxtaposées l'une à l'autre, sans qu'aucune conclusion fasse ressortir les raisons de ce rapprochement. Dans l'analyse de chaque doctrine, on retrouve un peu la même attitude d'esprit. M. Berthelot découpe les doctrines en éléments qu'il juxtapose, plus qu'il n'en fait sentir l'unité d'inspiration. Mais ces réserves ne doivent pas méconnaître la valeur de l'ouvrage auquel il y a lieu, croyons-nous, d'accorder une souscription.

É. Durkheim

Émile Durkheim

BOHN, Georges, *La nouvelle psychologie animale*, Paris, Félix Alcan, " Bibliothèque de philosophie contemporaine ", 1911, 1 vol. in-18°, 200 p. 2f50.[49]

Avis : oui
17.[0]7.1912

Ce petit livre est divisé en trois parties. La première traite de l'activité chez les animaux inférieurs : infusoires, astéries, vers, etc. Dans cette portion du règne animal, tout paraît à l'auteur pouvoir s'expliquer par des phénomènes physico-chimiques : tropismes et sensibilité différentielle. Avec les insectes, apparaît la mémoire associative et l'instinct. Enfin, avec les vertébrés, commence l'intelligence proprement dite.

Il est assez difficile de caractériser en quoi consiste exactement cette " nouvelle psychologie animale " dont M. Bohn entreprend de nous donner les conclusions principales. Bien qu'elle explique par des phénomènes de chimie-physique les réactions des animaux inférieurs, elle n'entend pas cependant dériver des tropismes ou de la sensibilité différentielle ni les formes supérieures de l'activité mentale, ni même les simples sensations. Ce n'est donc pas une tentative pour ramener les fonctions les plus élevées de la conscience aux plus primitives et aux plus simples. Suivant M. Bohn, une des caractéristiques de l'école nouvelle serait " de laisser complètement du côté la question de la conscience chez les animaux ". Cette question serait considérée " comme en dehors du domaine des investigations scientifiques ". Mais il semble bien que par là M. Bohn veuille seulement dire que la conscience n'est pas le caractère distinctif des faits psychiques chez les animaux. Or tous les psychologues qui admettent aujourd'hui qu'il existe des faits psychiques inconscients chez l'homme, acceptent cette proposition et l'appliquent depuis longtemps à la psychologie humaine. Il n'y a donc rien là qui

---

49. CARAN – F17/13410. Ouvrage distribué le 17 mai 1911.

différencie l'école de M. Bohn. Peut-être, en somme, faut-il aller chercher sa caractéristique différentielle dans une sorte de résistance systématique à toute idée finaliste et même à la notion darwiniste de la sélection naturelle. M. Bohn et tous ceux qui sont orientés dans la même direction insistent sur ce fait que beaucoup des réactions vitales ne sont nullement utiles à la vie, qu'il en est même des nocives, et un très grand nombre qui ne sont que d'une utilité très approximative.

Mais quoi qu'on pense de l'originalité de ces méthodes, il y a là un ensemble important de travaux que M. Bohn a exposés avec clarté. Son livre ne peut manquer d'être utile et nous croyons par conséquent qu'il y a lieu de souscrire pour un certain nombre d'exemplaires.

É. Durkheim

Émile Durkheim

DUPRÉEL, Eugène, *Le Rapport social. Essai sur l'objet et la méthode de la sociologie*, Paris, Félix Alcan, 1912, 1 vol. in-8°, IV-304 p. 5f[50].

Avis : oui
19 février 1913

C'est encore un ouvrage sur l'objet et la méthode de la sociologie et sans que cette méthodologie semble s'appuyer sur une pratique effective et se dégager de travaux déterminés. Il s'agit non de définir l'essence des faits sociaux, mais de préciser les signes, à la fois propres et communs, qui permettent de les reconnaître. Or ce que ces faits ont de caractéristique suivant notre auteur, c'est qu'ils sont comme intermédiaires entre deux règnes. Ils comportent toujours un élément externe et un élément interne : d'un côté des phénomènes physiques des œuvres matérielles ; de l'autre des états de conscience, d'un côté des actions, de l'autre des sentiments. On dira qu'il y a rapport social toutes les fois que les sentiments d'un individu donné sont modifiés, directement ou indirectement, par les actions d'un autre individu. ~~Ce sont ces rapports que la sociologie a pour objet d'étudier~~ [rayé]. Ainsi entre un maître et un esclave, entre deux époux, deux amis il y a un rapport social ; de même entre deux touristes qui se rencontrent dans la montagne et se saluent. Ce sont ces rapports que la sociologie a pour fonction d'étudier. L'auteur s'efforce de justifier cette définition en montrant que tous les faits étudiés par les sciences sociales particulières ne sont que des rapports de ce genre considérés d'un point de vue particulier.

---

50. CARAN – F17/13424. Ouvrage distribué le 20 novembre 1912, rapport lu en comité le 19 février 1913. Analyse de C. Bouglé, 1913, *L'Année sociologique*, vol. XII, p. 14-19. Première Section, Sociologie générale, II. Traités généraux. Questions générales diverses. [Hourticq, Durkheim, Bouglé et Aubin.] Le crochet d'ouverture indique probablement l'insertion d'un nouveau paragraphe ; il n'y a pas de crochet de fermeture.

La formule, comme on le voit, est d'une extrême généralité et on voit mal vers quelle sorte de conquête elle oriente la recherche. Elle a d'ailleurs le tort de laisser au second plan et presque de négliger les faits qui pourtant ont pour le sociologue un tout autre intérêt que les relations d'un ami avec son ami, ou d'un touriste avec son compagnon de rencontre : ce sont les institutions. On se représente même très imparfaitement comment elles rentrent dans la formule proposée. [[crochet d'ouverture de Durkheim] Le livre se termine par un appendice étendu (p. 204-282), bien mal relié au reste de l'ouvrage, sur les idées confuses et leur rôle social. Les notions communes, parce qu'elles sont communes, sont indéterminées et cette indétermination est condition de leur action. Dans la vie collective, la valeur logique des notions importe moins que leur utilité pratique. Toutefois quand les esprits se rencontrent, ils s'opposent et leur opposition même les oblige à tirer leurs idées au clair. Il en résulte que si la logique sociale diffère de la logique pure <u>celle-ci est la limite vers laquelle tend la première. Bien qu'encore très générale et abstraite, cette partie du livre contient des idées intéressantes et pour cette raison, nous concluons à une souscription limitée</u>.

É. Durkheim

Émile Durkheim

SCHOPENHAUER, Arthur, " *Parerga* " et " *Paralipomena* ". *Essai sur les apparitions et opuscules divers*, trad. de *Parerga und Paralipomena : kleine philosophische Schriften* (1851) par Auguste DIETRICH, Paris, Félix Alcan, " Bibliothèque de philosophie contemporaine ", 1912, 1 vol. in-16°, 203 p. 2f5[51].

Avis : oui
19 février 1913

Ce petit livre, le dernier des Parerga et Paralipomena, contient trois opuscules : d'abord, un Essai sur les Apparitions, première étude harmonistique sur le bruit et le vacarme, enfin des remarques de Schopenhauer sur lui-même. Ces remarques aident à comprendre la personnalité de Schopenhauer. L'Essai sur les Apparitions n'est pas, comme on pourrait le croire, un chapitre isolé et fantaisiste dans l'ensemble de son œuvres, mais se rattache, au contraire, et très étroitement à ses idées sur l'idéalité du temps et de l'espace. Ce qui a intéressé Schopenhauer aux phénomènes d'occultisme, c'est qu'il y trouve une confirmation de sa métaphysique. Il y avait donc intérêt à publier ces [rayé] traduire ces pages et pour cette raison nous pensons que ce livre a sa place dans les bibliothèques universitaires.

É. Durkheim

---

51. CARAN – F17/13460. Ouvrage distribué le 20 novembre 1912, rapport lu en comité le 19 février 1913. Auguste Dietrich est le traducteur de l'ouvrage de H. Spencer, *Faits et commentaires.* (ici même, p. 53).

WILBOIS, Adolphe Jacques Joseph, *Devoir et durée. Essai de morale sociale,* Paris, Félix Alcan, " Bibliothèque de philosophie contemporaine ", 1912, 1 vol. in-8°, 408 p. 7f5[52].

Avis : oui
19 février 1913

Cet ouvrage se présente délibérément comme un livre de métasociologie, c'est-à-dire de métaphysique de la vie sociale et morale.

La sociologie suppose le déterminisme et la morale, suivant l'auteur, implique la liberté. La première préoccupation de M. [Wilbois] est donc de démontrer que la liberté se peut concilier avec le déterminisme sociologique. Ce qui lui facilite cette conciliation, c'est la distinction de la cause et de la condition. La cause est ce qui contient en soi la totalité de l'effet ; la condition c'est la chiquenaude qui décl[e]nche la cause véritable. Or suivant M. Wilbois, les facteurs sociaux ne sont que des conditions et non des causes. Les causes sont des états psychiques, internes, qui dépendent de l'initiative de l'homme. Les conditions qui sont soumises au déterminisme, ce sont les états extérieures, réalisés, /principalement économiques/ qui s'imposent à l'homme. Le type

---

52. CARAN – F17/13466. Ouvrage distribué le 19 juin 1912, rapport lu en comité le 19 février 1913. Analyse de C. Bouglé, 1913, *L'Année sociologique*, vol. XII, p. 322-326. Troisième section. Sociologie morale et juridique. I. De la morale et du droit en général. A. De la morale. [Bouglé, Durkheim et Aubin.] *Cf.* J. Wilbois (thèse présentée par), " Une nouvelle position du problème moral ", 1914, séance du 2 janvier 1914, *Bulletin de la Société française de philosophie,* 14e année, n° 1, janvier, p. 1-59. Faisant partie de la discussion : MM. Bouglé, Darlu, Durkheim, Guy-Grand, Parodi, Roustan, Ruyssen, L. Weber. Présents à la séance : MM. Brunschvicg, Couturat, Cresson, Dufumier, Dunan, Hémon, Lalande, X. Léon, Halévy, Meyerson, Winter, [Les pages 26-29 et 34-36 sont repris in É. Durkheim, " Une confrontation entre bergsonisme et sociologisme : " Le progrès moral et la dynamique sociale ", in *Textes* I, p. 64-70.] L'ouvrage *Devoir et durée* est discuté, p. 26-29, 34-36.

Émile Durkheim

de la condition agissante, celle qui se rapproche le plus de la cause véritable, c'est le sol, en tant du moins que le sol est un facteur actif de l'organisation sociale et marque l'homme de son empreinte.

Et par là se détermine le sens dans lequel se fait l'évolution. Plus on avance dans l'histoire plus l'homme s'affranchit du sol et devient maître de la nature. Au contraire, plus on remonte vers les origines, plus la nature domine et écrase l'humanité. Or c'est la société elle-même qui est l'ouvrière de cette libération, car c'est elle qui n.[e] permet d'explorer les ressources du sol au lieu de rester sous sa dépendance.

Nous ne pouvons croire que ces constructions abstraites, qui tendent à embrasser la totalité du développement historique, sans s'appuyer sur des données positives et des recherches définie, soient de bonnes méthodes. Aussi y trouve-t-on bien des affirmations risquées, comme l'opposition des sociétés du type oriental et celles du type occidental, qui soulèverait bien des objections. Les conclusions proprement philosophiques de l'ouvrage /ne/ sont pas très neuves ni d'une grande précision. <u>Cependant, il y a dans l'ensemble</u> du travail un effort intéressant et consciencieusement poursuivi, une confrontation parfois intéressante de doctrines diverses que l'auteur <u>cherche à juger impartialement, un très grand désir de pénétrer la pensée d'autrui, même quand on ne l'admet pas et ces mérites nous paraissent pouvoir justifier une souscription à un petit nombre d'exemplaires</u>.

É. Durkheim

CYON, Élie de, *Dieu et science. Essai de psychologie en sciences*, Paris, Félix Alcan, " Bibliothèque de philosophie contemporaine ", 1912, XII-487 p. 7f50[53].

Avis : oui - si l'on n'a pas souscrit à la 1ère édition.
16 avril 1913

L'objet de ce livre est de démontrer l'harmonie de la science et de la religion quoique, comme nous le dirons, cette démonstration prétende reposer sur des faits positifs, elle est souvent conduite sur un ton passionné que ~~manque un peu~~ [rayé] l'on s'étonne de trouver chez un savant. L'auteur ne craint pas de parler des " insanités métaphysiques " de Hegel, des " folles divagations " de la philosophie naturelle de Schelling " et ces jugements sommaires et sévères se rattachent à une critique de Kant qui témoigne d'une intelligence un peu superficielle de la doctrine Kantienne quant à la thèse <u>positive de l'auteur, elle repose sur la découverte qu'il croit avoir faite, dans le labyrinthe de l'oreille, de deux sens mathématiques, le sens géométrique au fonctionnement duquel nous devons le concept de l'espace à trois</u> dimensions et le sens arithmétique d'où nous viendraient nos concepts de nombre et de temps. Les axiomes géométriques nous seraient imposés par les canaux semi-circulaires qui nous donnent " l'intuition d'un système de trois coordonnées perpendiculaires les unes aux autres, système sur lequel nous projetons les sensations qui nous proviennent du monde extérieur. Notre conscience correspond au point 0 de ce système de coordonnées rectangulaires, point où les directions fondamentales, haut, bas, avant, arrière, droite, gauche, changent de signe ". Sur cette hypothèse, l'auteur édifie toute une psychologie qui elle-même sert de base à ses conclusions métaphysiques.

---

53. CARAN – F17/13418. Ouvrage distribué le 21 février 1912, rapport lu en comité le 16 avril 1913.

Émile Durkheim

Toute compétence nous manque pour discuter les théories de M. de Cyon sur le labyrinthe de l'oreille. Mais étant donné que l'auteur est un physiologiste d'une compétence reconnue, il paraît qu'un tel livre ne doit pas rester ignoré des étudiants. Nous croyons donc qu'il a sa place dans les bibliothèques universitaires et nous concluons à une souscription limitée <u>s'il n'a pas été déjà souscrit à la première édition</u>.

É. Durkheim

LE DANTEC, Félix, *Le chaos et l'harmonie universelle*, Paris, Félix Alcan, "Bibliothèque de philosophie contemporaine", 1911, 1 vol. in-16°, 195 p. 2f50[54].

Avis : oui
16 avril 1913

Ce livre est un traité de cosmologie générale. L'auteur y expose ses idées sur la formation des lois physiques, sur la signification des lois physiques, sur l'idée de hasard, et la manière dont les êtres vivants se sont adaptés à leur milieu.

M. Le Dantec y reste fidèle à ses conceptions fondamentales, à son matérialisme quelque peu simpliste, à son aversion pour tout ce qui peut ressembler à une explication finaliste. L'idée fondamentale est que le cahos [*sic*] et l'harmonie sont affaire de proportion, ou, comme il dit, d'échelle (p. 5). Ce qui est harmonie par rapport à notre échelle à nous, hommes civilisés, habitants de grandes villes, et cahos par rapport à l'échelle atomique ou cellulaire. Ce qui caractérise les êtres vivants, c'est qu'il s'y trouve des harmonies distinctes, dont chacune se rapporte à une échelle spéciale et que toutes ces harmonies sont pourtant [liées]. Il y a, en lui, une échelle chimique, une échelle colloïde, une échelle cellulaire, une échelle proprement humaine et autant d'harmonies correspondantes. Ces harmonies se sont progressivement multipliées et développés à la surface du globe, mais en partant du cahos, du hasard, c'est-à-dire de l'absence de lois.

Cette doctrine, dont nous n'exposons que les principes fondamentaux, n'est pas toujours exposée avec une clarté parfaite. Mais elle est le résumé d'une science étendue et à quelques objections qu'elle soit exposée, elle ne peut pas être

---

54. CARAN – F17/13441. Ouvrage distribué le 17 mai 1911, rapport lu le 16 avril 1913. Le rapport fut microfilmé par Koichiro Kobayaski qui signe le marque-page daté du 24 mars 1994.

ignorée de ceux qui s'occupent de philosophie. Nous proposons donc qu'il y soit souscrit pour un nombre d'exemplaires qui permette à l'ouvrage de se trouver dans nos bibliothèques universitaires.

É. Durkheim

SIMMEL, Georg, *Mélanges de philosophie relativiste. Contribution à la culture philosophique,* trad. de l'allemand par Mlle A. GUILLAIN, Paris, Félix Alcan, 1912, 1 vol. in 8°, VI-268 p. 5f[55].

Avis : oui
16 avril 1913

Ce livre est un recueil de quinze ~~extraits~~ [rayé] essais, extraits de différentes ouvrages. Il en est de purement historiques, comme une étude sur Nietsche [*sic*] et Schopenhauer, une autre sur Rodin ; il en est de sociologiques, comme un article sur la sociologie des sens où l'auteur montre comment, par exemple, l'odeur qui se dégage du nègre, du juif ou de l'ouvrier, choquante pour les individus d'une classe ou d'une race différentes, confirm[e] certains préjugés de race ou de classe. Il en est de nombreux qui traitent d'esthétique (le christianisme et l'art, le réalisme dans l'art, etc.). Il en est enfin qui ne se rangent dans aucune catégorie comme la philosophie de l'aventure, etc. Il est inutile de chercher à travers ces différents essais une unité de doctrine. Cette recherche serait d'autant plus vaine que l'auteur ne se pique d'aucune systématisation doctrinale. Pour lui, la philosophie consiste essentiellement dans une réaction personnelle, subjective de l'esprit au contact des choses. La philosophie, nous dit-il, n'a pas de contenu spécifique ; elle ne définit pas l'attitude du penseur. Elle traduit la relation d'une individualité mentale au monde. Cette tendance générale de M. Simmel est encore accrue par la manière même dont est composé le présent ouvrage.

Cette absence de toute méthode et de toute discipline n'est peut-être pas un excellent modèle pour de jeunes esprits. La philosophie ainsi entendue devient une forme de la littérature. Mais M. Simmel est un esprit ouvert, pénétrant, agile que nos

---

55. CARAN – F17/13461. Ouvrage distribué le 21 février 1912, rapport lu en comité le 16 avril 1913.

étudiants doivent connaître. Et si l'on ne voit pas d'objection à une souscription dans le fait qu'il s'agit d'une traduction, nous proposons qu'il y fût souscrit pour un petit nombre d'exemplaires.

É. Durkheim

HACHET-SOUPLET, Pierre, *La genèse des instincts, étude expérimentale,* Paris, Ernest Flammarion, "Bibliothèque de philosophie scientifique ", 1912, 1 vol. in -18°, 327 p. 3f5[56].

Avis : oui
19 novembre 1913

Ce livre est certainement l'un des meilleurs, sinon le meilleur que nous ayons en langue française sur la question de l'instinct. Il se recommande aussi bien par la méthode employée que par les résultats obtenus.

La méthode n'a rien d'exclusif. L'auteur ne se refuse aucunement d'employer ni l'observation simple des animaux captifs ou en liberté ni la méthode comparative, connue sous le nom de méthode éthologique et qui consiste à éclairer les uns par les autres les instincts observés chez des espèces voisines. Mais le procédé dont il se sert de préférence, c'est l'expérimentation proprement dite et spécialement cette expérimentation *sui generis* que constitue le dressage. Il ne s'est pas contenté d'observer les moyens divers employés par les dresseurs, il a dressé lui-même ; il a pu ainsi créer des instincts, en modifier d'autres expérimentalement. Et il n'est pas douteux qu'une méthode de ce genre, pratiquée avec prudence, peut être riche en résultats.

Ces résultats, il ne saurait être question de les exposer ici dans le détail ; je me bornerai à indiquer ce qu'ils ont de /plus/ caractéristique.

M. Hachet-Souplet n'admet nullement l'explication mécaniste de l'instinct telle que l'ont reprise, en la renouvelant, *les inventeurs de* [autre main, à l'encre noire dans la marge] la théorie récente des tropismes, théorie d'après laquelle l'instinct serait un effet direct des agents extérieurs. L'auteur combat cette théorie en montrant qu'entre l'excitation extérieure et la réaction organique,

---

56. CARAN – F17/13432. Ouvrage distribué le 20 mars 1912, rapport lu en comité le 19 novembre 1913.

il n'y a pas la relation quantitative qu'on suppose. Il rejette également l'hypothèse /opposée/ beaucoup trop simple, d'après laquelle l'instinct aurait tout entier sa cause à l'intérieur du vivant, serait dû aux besoins vitaux, à une sorte de volonté de l'animal créant l'organe nécessaire à son existence. La conception qu'il propose est une sorte de théorie moyenne. Il attribue l'instinct à des combinaisons d'ordre psychique, à des associations des sensations et des mouvements et aux lois diverses qui régissent ces associations. Mais ces associations mentales sont, pour lui, nettement distinguées de l'intelligence proprement dite, du jugement et du raisonnement ; elles sont étroitement placées sous la dépendance de causes extérieures.

Cette thèse est établie sur un /très/ grand nombre d'observations et d'expériences. Elle n'est pas d'ailleurs erronée sous la forme générale que nous venons de lui donner ; mais l'auteur s'attache plutôt à démontrer les multiples cas /particuliers/ [autre main, encre noire] qui gouvernent ces combinaisons mentales et qui permettent d'expliquer en même temps que la formation des différentes sortes d'instincts, ou plutôt des différents principes de l'activité instinctive, la souplesse que prend progressivement l'instinct et l'espèce d'intelligence dont il se pénètre. Il y a là un certain nombre de résultats qui intéressent la psychologie /humaine/ aussi bien que la psychologie animale. <u>Pour cette raison, je considère ce livre comme très digne d'une souscription. Je signale toutefois qu'il fait partie d'une collection qui s'adresse à une très large</u> /clientèle/ [autre main, encre noire] <u>et qui, par elle-même, doit être très rémunératrice.</u>

É. Durkheim

RIBOT, Théodule, *La vie inconsciente et les mouvements*, Paris, Félix Alcan, " Bibliothèque de philosophie contemporaine ", 1914, 1 vol. in-18°, III-172 p. 2f5[57].

Avis : oui
18 mars 1914

Le nouvel ouvrage de M. Ribot a pour objet de modifier [rayé] renouveler la théorie de l'inconscient. Jusqu'à présent deux conceptions étaient en présence. D'après l'une, les phénomènes inconscients sont des phénomènes psychiques moins la conscience. D'après l'autre l'activité inconsciente est purement cérébrale et n'a rien de psychologique. La première a l'inconvénient de refouler la vie psychique jusqu'à un arrière-fond où rien ne dénote sa présence. Car un état de conscience qui n'est pas connu n'est pas un état de conscience. La seconde est trop simpliste en admettant qu'à chaque représentation correspond un état cérébral déterminé ; rien ne permet d'établir une correspondance aussi exacte. Pour M. Ribot, ce qui est inconscient c'est l'ensemble des éléments moteurs. Ce sont eux qui survivent de nos expériences passées, eux qui sont à libérer de la mémoire, eux qui servent de lien entre les idées actuelles et les idées réveillées. Ils sont la portion stable, résistante, l'ossature de la vie consciente. Après avoir démontré, au moins comme très vraisemblable, cette thèse tant à propos des états intellectuels que des états affectifs, M. Ribot passe à l'étude de deux questions particulières qui ne se relient pas très directement à la précédente : la question de la pensée sans images et sans mots, et la psychologie de la tendance au moindre effort.

Ce livre a toutes les qualités des travaux de M. Ribot. On <u>y trouve, avec une riche documentation, de fines analyses, des vues ingénieuses plus indiquées que développées à la manière</u>

---

57. CARAN – F17/13456. Ouvrage distribué le 19 novembre 1913, rapport lu en comité le 18 mars 1914.

[ordinaire ?] de l'auteur. C'est pourquoi, si l'on ne voit pas dans le faible prix de l'ouvrage de raison qui s'y oppose, en raison du caractère scientifique[,] et même technique, du travail et de sa valeur, nous concluons à une souscription.

É. Durkheim

DUGAS, Ludovic, *Penseurs libres et liberté de pensée (Montaigne, Descartes, Stuart Mill, Edmund Gosse ; dissolution de la foi, protestantisme et libre pensée)*, Paris, Félix Alcan, " Bibliothèque de philosophie contemporaine ", s.d. [1914], 1 vol. in-8°, VI-187 p. 2f5[58].

Avis : favorable
16 juin 1915

Ce petit livre est un recueil d'articles parus dans différentes revues. Il manque par suite un peu d'unité. Cependant sans excès d'artifice, l'auteur a pu le diviser en deux parties qui ne sont pas sans se relier l'une à l'autre, comme l'indique le double titre, mais par un lien un peu ténu.

La première comprend une série de monographies biographiques consacrées à Montaigne, à Descartes, à Stuart Mill, et enfin à Edmund Gosse. Chacune d'elles a pour objet de montrer comment le penseur étudié réagit contre son éducation première pour prendre la pleine possession de soi-même et se faire une vie personnelle. C'est donc le problème des rapports entre les devoirs de l'éducation et les droits de l'individu qui se trouve ainsi posé. Mais si l'auteur nous montre les conflits auxquels il donne lieu, il laisse au lecteur le soin de tirer la leçon qui se dégage de ces exemples. La conclusion est donc assez vague. On peut même se demander s'il est bien vrai que, en principe, nous nous faisons une vie personnelle contre l'éducation et ses effets, entre ces deux facteurs de notre être et intellectuel et moral il y a l'antagonisme que l'on dénonce avec quelque simplisme.

La deuxième partie est consacrée à la question vieille et toujours actuelle : comment sort-on de la foi ? Dans la ruine des

---

58. CARAN – F17/13423. Ouvrage distribué le 20 mai 1914, rapport lu en comité le 16 juin 1915. Edmund William Gosse, littérateur anglais né à Londres le 21 septembre 1949, est professeur de littérature à Cambridge, et a écrit de nombreux ouvrages de littérature. *Cf. La Grande Encyclopédie.*

croyances religieuses, la critique historique aurait un rôle considérable à jouer. Cependant, il reconnaît qu'elle ne suffit pas. La religion répond à des besoins qui demandent à être satisfaits alors même qu'il est démontré que les textes sur lesquels s'appuient les croyances qui ont pendant un temps satisfait à ces besoins n'ont rien d'historique. On ne peut sortir d'une foi que [si l'on] s'est assuré quelque foi nouvelle qui remplace celle à laquelle on se voit obligé de renoncer. Quelle est cette foi nouvelle dans laquelle tous les libres esprits pourront venir communier, c'est ce que l'auteur ne nous indique qu'en termes assez vagues.

Mais son travail est l'œuvre d'un esprit droit, sincère, consciencieux, qui a vécu les problèmes dont il parle, et si la manière dont il en traite n'a rien de bien original, l'accent personnel de la méditation est d'un bon exemple. A ce titre, une /petite/ souscription serait équitable.

É. Durkheim

Comptes rendus d'ouvrages publiés dans le cadre du CTHS

20 janvier 1904   PASCAUD, H. *Les monopoles d'État.*
16 Novembre 1904   PAULHAN, F. *La fonction de la mémoire.*

PASCAUD, Henry, *Les monopoles d'État et leurs conséquences économiques*, Extrait de la *Revue critique de législation et de jurisprudence*, Paris, F. Pichon, in-8°, 36 p.

[lu le 20 janvier 1904][59]

Tout en combattant en principe les monopoles d'État, l'auteur consent à conserver ceux qui existent et auxquels nous sommes faits par un long usage. Il démontre sa thèse, en analysant, un peu sommairement (p. 15-17), les principales fonctions de l'État, et en montrant que la constitution des monopoles ne rentre pas et ne saurait rentrer dans la nomenclature qu'il a ainsi dépassé. Il reprend, sans y rien ajouter de nouveau, l'objection courante tirée de l'incapacité industrielle de l'État, et venge, par les arguments classiques, le principe de la libre concurrence des reproches qui lui ont été si souvent adressés (p. 20-23). Cette argumentation générale est ensuite appliquée à trois monopoles particuliers, celui des assurance, celui du pétrole et celui de l'alcool, qu'il a été question récemment d'instituer.

La multitude même et la gravité des questions traitées dans cette courte brochure, ne permet pas à la discussion d'en être très approfondie. La démonstration est surtout dialectique, et ne s'appuie que sur un petit nombre de faits.

Émile Durkheim

---

59. Ouvrage dont l'auteur a fait hommage à la Section le 18 novembre 1903. L'auteur est correspondant du Ministère de l'Instruction publique. Compte rendu publié dans "séance du mercredi 20 janvier 1904", *Bulletin du CTHS, Section des sciences économiques et sociales, Séances et rapports*, année 1904, Paris, Imprimerie nationale, 1905, p. 2 et 5-6.

Émile Durkheim

PAULHAN, Frédéric, *La fonction de la mémoire et le souvenir affectif*, Paris, Félix Alcan, " Bibliothèque de philosophie contemporaine ", 1904, 1 vol. In-16, 177 p.[60]

Les deux questions traitées dans cet intéressant ouvrage sont examinées par M. Paulhan dans l'ordre inverse de celui où elles figurent dans le titre. L'auteur commence par établir la réalité de la mémoire affective, c'est-à-dire de la faculté que nous avons de nous remémorer des émotions antérieurement éprouvées. Puis il montre que cette mémoire n'est pas d'une autre nature que la mémoire intellectuelle. Pour lui, la mémoire sous l'une et l'autre forme, " c'est le triomphe des formes psychiques inférieures, de l'association par contiguïté sur l'association systématique, de l'indépendance relative et de l'incohérence des éléments de l'esprit sur leur activité coordonnée " (p. 122).

En effet, il n'y a, suivant lui, souvenir au sens propre du mot, que quand l'état rappelé se présente à nous avec sa physionomie distinctive, son individualité, qui fait que nous le rapportons au passé, et même à un passé déterminé. Or il ne peut garder de cette distinction que dans la mesure où il n'est pas fondu dans la substance même de notre esprit, où il n'est pas devenu un élément intégrant de notre organisme mental. Inversement, quand un état intellectuel ou émotif est devenu une partie de nous-même, qu'il a un rôle dans le système de nos états de conscience, il a dépouillé toute individualité. Bien qu'il ait été acquis par nous dans un temps passé, il a cessé d'être tel pour nous, il nous est perpétuellement présent, comme nous-même, ce n'est plus un souvenir. J'ai oublié que j'ai appris à marcher, à parler ma langue natale, à interpréter les données de mes sens. Bien que ces connaissance soient le produit d'une répétition, on ne peut dire que je m'en souvienne ; elles sont devenues constitutives de moi-

---

60. Rapport lu en comité le 16 novembre 1904. Compte rendu publié dans "séance du mercredi 16 novembre 1904", *Bulletin du CTHS, Section des sciences économiques et sociales, Séances et rapports*, année 1904, Paris, Imprimerie nationale, 1905, p. 45.

même. Donc mémoire et organisation sont deux termes qui s'opposent. La caractéristique de la mémoire, c'est l'absence d'organisation.

Ce fait établi, M. Paulhan montre quelle en est la raison d'être utile. Il est bon que tout ne soit pas organisé en nous ; que nos états antérieurs gardent quelques liens avec les conditions particulières où ils se sont produits. S'il est bon que la conscience soit systématisée, il ne faut pas que ce soit avec excès. Il faut qu'il y ait des idées et des émotions qui restent à l'état libre, qui ne se perdent pas dans la trame de notre esprit, qui, en un mot, soient de purs souvenirs. C'est ce que l'auteur établit par de nombreux exemples.

L'idée qu'il existe une mémoire affective n'est sans doute pas originale. Mais cette conception de la mémoire comme l'antagonisme de l'organisation mentale, et l'application que M. Paulhan en fait à la mémoire affective lui appartiennent en propre, et l'idée est intéressante, suggestive, de nature à faire réfléchir.

Durkheim

Émile Durkheim

Rapports relatifs aux ouvrages d'É. Durkheim

19 juillet 1893	DURKHEIM, É. *De la division du travail social.*
10 avril 1895	DURKHEIM, É. *Les règles de la méthode sociologique.*
18 février 1898	DURKHEIM, É. *Le suicide.*
18 juin 1924	DURKHEIM, É. *Éducation et sociologie.*

DURKHEIM, Émile, *De la division du travail social. Étude sur l'organisation des sociétés supérieures*, Paris, Félix Alcan, " Bibliothèque de philosophie contemporaine ", 1893, 1 vol. in-8°, X-471 p. [sans prix][61]

Avis : favorable
19 juillet 1893

On peut contester quelques-unes des opinions émises dans cet important ouvrage tant au point de vue philosophique qu'au point de vue social. On ne peut méconnaître la haute valeur du livre. Quels sont les rapports de l'individu et de la société ? – d'où vient qu'en devenant plus autonome, l'individu dépende de la société plus étroitement ? Comment peut-il être à la fois plus solidaire et plus personnel ? Telles sont les questions que M. Durkheim pose avec netteté et discute avec rigueur. Quant à la solution du problème de cette apparente antinomie, il la trouve dans la transformation de la solidarité sociale par le développement de plus en plus considérable de la division du travail.

Cette très sérieuse étude n'est pas faite pour se vulgariser aisément d'elle-même. Elle mérite, à ce titre, d'être encouragée par une subvention qui la mette, dans les bibliothèques, à la portée des lecteurs auxquels elle s'adresse.

M. Gréard

---

61. CARAN – F17/13424. " Séance du mercredi 21 juin 1893 ", demande de souscription : Durkheim, *De la division du travail social*, 1 vol., in *Bulletin du CTHS, Section des sciences économiques et sociales, Séances et rapports*, année 1893, Paris, Imprimerie nationale, 1894, p. 279. " Séance du mercredi 19 juillet 1893 ", rapport de souscription : Durkheim, *De la division du travail social*, 1 vol., in *Bulletin du CTHS, Section des sciences économiques et sociales, Séances et rapports*, année 1893, Paris, Imprimerie nationale, 1894, p. 284. L'auteur du rapport, Octave Gréard, est le Vice-Recteur de l'Académie de Paris qui a vu et permis d'imprimer la thèse de Durkheim le 24 mars 1892. Cette thèse principale de doctorat, rédigée en français, ne portait pas alors de sous-titre ; celui-ci fut ajouté lors de la première édition chez Alcan en 1893 puis supprimé dans toutes les éditions ultérieures.

DURKHEIM, Émile, *Les règles de la méthode sociologique* Paris, Félix Alcan, " Bibliothèque de philosophie contemporaine ", 1895, 1 vol. in-18°, VIII-186 p. 2f50[62].

Avis : favorable
10 avril 95

L'auteur n'expose pas des règles consacrées par le temps, ancien philosophe n'ayant encore tracé les règles d'une science nouvelle, mal définie, dont les limites sont incertaines ou flottantes. Il cherche donc à découvrir des règles pour son propre usage. Si ces règles [rayé] C'est-à-dire d'une méthode. Si ces règles dans cette première tentative sont trop générales et un peu vagues on ne peut s'en étonner. Elles sont du moins exposées en bon style.

Au moment où l'on songe à fonder des chaires de sociologie et où chaque professeur sera obligé de se faire une méthode, ce petit livre, si incomplet qu'il soit, peut offrir un intérêt particulier.

[M Martha]

---

62. CARAN – F17/13424. " Séance du mercredi 21 novembre 1894 ", demande de souscription : Durkheim, *Les règles de la méthode sociologique*, 1 vol., *Bulletin du CTHS, Section des sciences économiques et sociales, Séances et rapports*, année 1894, Paris, Imprimerie nationale, 1895, p. 308. " Séance du mercredi 10 avril 1895 ", rapport de souscription : Durkheim, *Les règles de la méthode sociologique*, 1 vol., in *Bulletin du CTHS, Section des sciences économiques et sociales, Séances et rapports*, année 1895, Paris, Imprimerie nationale, 1896, p. 19. Le rapport n'est pas signé. Auteur de l'ouvrage est désigné : " Chargé d'un cours de sociologie à la Faculté des lettres du Bordeaux ".

DURKHEIM, Émile, *Le suicide. Étude de sociologie,* Paris, Félix Alcan, " Bibliothèque de philosophie contemporaine ", 1897, 1 vol. in-8°, XII-462 p. 7f50[63].

Avis : favorable
18 février 1898

M. Durkheim est un esprit très distingué et la monographie qu'il vient de publier est remarquable à plus d'un titre. Une documentation riche et sûre y sert d'aliment à de subtiles analyses. <u>La place de ce volume est donc marquée dans les principales bibliothèques des grands centres universitaires.</u>
<u>Mais ce n'est qu'à une souscription ainsi limitée que je me crois autorisé à conclure.</u>
L'auteur, qui dans sa préface, déplore la stérilité des efforts de la sociologie contemporaine, ne me paraît pas avoir lui-même réussi, malgré tout son talent et tout son labeur, à dégager des conclusions qui s'imposent. Et la [*sic*] même où il n'y a rien à objecter à ses idées, on peut regretter qu'il ne leur donne pas une forme plus simple. La prose des sociologues n'est pas toujours exempte de quelque pédantisme et M. Durkheim est de ceux dont le mérite devrait s'interdire ce travers.

A. de Foville

---

63. CARAN – F17/13424. " Séance du mercredi 15 décembre 1897 ", rapport de souscription : Durkheim, *Le suicide*, in *Bulletin du CTHS, Section des sciences économiques et sociales, Séances et rapports,* année 1897, Paris, Imprimerie nationale, 1898, p. 95. " Séance du mercredi 16 février 1898 ", rapport de souscription : " Durckheim [*sic*], *Le suicide, étude de sociologie* ", in *Bulletin du CTHS, Section des sciences économiques et sociales, Séances et rapports,* année 1898, Paris, Imprimerie nationale, 1899, p. 5. L'auteur est désigné comme " Prof^r à la Faculté des lettres de Bordeaux ".

DURKHEIM, Émile, *Éducation et sociologie*, Introd. Paul Fauconnet " L'œuvre pédagogique de Durkheim ", Paris, Félix Alcan, " Bibliothèque de philosophie contemporaine ", 1922, 1 vol. in-16°, 160 p. 7f[64].

Avis : favorable
18 juin 1924

Ce petit volume, précédé d'une introduction de M. P. Fauconnet, successeur de M. Durkheim reproduit deux importantes études du maître (Education et Pédagogie) plus trois belles leçons d'ouverture de ses cours à la Sorbonne.

Le titre du volume dit bien l'objet qu'il traite. L'originalité qui perçait avant tout chez M. Durkheim c'était d'envisager le côté social de l'éducation. M. Fauconnet justifie très bien la tendance à considérer /les théories/ sociologiques comme indispensables pour expliquer la tendance de l'éducation dans les différents pays et suivant le développement] / [marque insérée] l'organisation politique, sociale, historique de chacun d'eux.

Dans ces 150 pages, grâce surtout à l'exposé très clair et très substantiel de Fauconnet, quelques-uns des articles les plus instructifs de Durkheim sont mis à la portée de tous, et les idées fondamentales de sa doctrine sur l'éducation prennent place dans les connaissances que l'école ne peut plus ignorer.

Ce petit volume est donc appelé à rendre par la divulgation de principes dont on ne peut se passer, des services tout à fait importants, et le rapporteur conclut à une large souscription.

F. Buisson

---

64. CARAN – F17/13424.

CLORE ENFIN L'ÈRE DES GÉNÉRALITÉS

Jean-Louis Fabiani

Les documents réunis par Stéphane Baciocchi et Jennifer Mergy présentent un grand intérêt, dans la mesure où ils permettent d'éclairer tout un aspect de la vie professionnelle de l'universitaire intellectuel du début du XXe siècle : il s'agit de son implication dans le fonctionnement ordinaire des institutions de savoir, à travers la présence régulière des professeurs dans des comités et des commissions que la redéfinition républicaine de l'Université, faisant souvent fond sur des structures de sociabilité savantes préexistantes, ou créant des espaces institutionnels *ad hoc*, a fortement développés depuis les années 1880. Si les soutenances de thèse, et les rapports qu'elles suscitent, offrent des informations intéressantes sur un moment rituel de la vie académique, elles n'en présentent pas moins un caractère à la fois solennel et officiel, qui ne permet de saisir qu'une mise en forme publique du jugement portant sur la connaissance, sur les pairs, ou sur ceux qui aspirent à le devenir. Les correspondances à caractère privé permettent notamment de saisir à l'état vif des jugements qui ne sont pas encore retraduits en fonction des contraintes institutionnelles. L'impressionnant travail éditorial des durkheimologues a permis, depuis un quart de siècle, d'accroître notre savoir sur l'homme Durkheim, principalement l'homme au travail. Le document le plus significatif est sous ce rapport la belle édition, due à Philippe Besnard et à Marcel Fournier, des *Lettres à Marcel Mauss*, où l'on perçoit, à travers les exhortations de l'oncle au neveu qu'il juge insuffisamment engagé sur le front de la science, l'intensité de la mobilisation de soi qu'exige le fondateur de la sociologie universitaire française. Durkheim ne néglige en effet aucun terrain lorsqu'il s'agit de faire reconnaître les mérites de la science qu'il pratique. La promotion de la sociologie scientifique ne permet aucune trêve, n'autorise aucune démobilisation, même temporaire : il faut être, en permanence, sur tous les fronts. Une attitude scientifique est inséparable d'une attitude morale. L'organisation du temps, dans l'espace public comme dans l'espace domestique, doit permettre un déploiement optimal de l'investissement intellectuel. Les appels incessants de Durkheim à Mauss pour qu'il s'engage plus intensément dans l'entreprise scientifique dévoilent un neveu enclin à l'hédonisme et à la procrastination. C'est bien un défaut de morale que Durkheim stigmatise : cette insuffisance morale est d'ailleurs inséparable d'une sorte d'instabilité scientifique, comme en témoignent les incessants retards que le neveu du fondateur fait subir à l'entreprise. C'est la preuve que, dans le groupe " durkheimien ", y compris dans le premier cercle, tous ne croient pas autant que le maître à l'exigence de l'entreprise savante. Le travail de Durkheim est autant un travail de mobilisation de ses proches (lequel peut confiner au harcèlement) que d'élaboration conceptuelle. Pour Durkheim, ménager son temps n'a aucun sens dans une conjoncture de fondation disciplinaire. C'est dans cette perspective qu'il faut lire le corpus de brefs rapports de souscription édités dans ce volume. En 1903, Durkheim est un universitaire reconnu. Mais la place de la sociologie ne l'est encore pas véritablement dans l'institution et son image dans la société associe confusément des éléments hétérogènes de discours et de pratiques multiples qui renvoient le plus souvent à la dimension spéculative, métaphysique ou simplement journal-istique (Durkheim dirait " publiciste ") du commentaire sur l'état du monde. Il est impossible d'exercer un contrôle minimal sur l'appellation " sociologie " : celle-ci semble massivement investie par des aventuriers de l'intellect qui n'ont pas de souci de méthode. C'est ce qui explique le contexte de naissance de l'épistémologie durkheimienne, laquelle est une épistémologie de

Clore enfin l'ère des généralités

combat, au sens où l'a été, près de trois quarts de siècle plus tard, celle de Pierre Bourdieu, Jean-Claude Chamboredon et Jean-Claude Passeron[1]. Il s'agit simultanément d'occuper un terrain déjà investi de très diverses manières, de prendre des positions épistémologiques ou méthodologiques et de revendiquer une situation de monopole intellectuel. Si elle ne va pas jusqu'au sectarisme, une telle affirmation renvoie nécessairement à la manifestation d'un esprit guerrier, apte à la polémique et peu porté au compromis. Comment Durkheim va-t-il passer de la position d'universitaire de combat à celle de juge-arbitre de la recevabilité de demandes de souscription qui toutes posent le problème de leur légitimité ? L'auteur des *Règles* ne peut pas, comme membre de la Section des sciences économiques et sociales, s'exprimer uniquement à partir de son propre point de vue, dont on sait par ailleurs qu'il est très sévère à l'égard de la majorité de la sociologie de son temps. Cette dimension de censure personnelle et institutionnelle mérite d'être étudiée dans ses textes, car il ne fait jamais apparaître d'emblée son hostilité à tel ou tel ouvrage, bien qu'elle soit presque toujours patente, et que la comparaison avec d'autres textes, publiés dans des revues, particulièrement *L'Année sociologique*, montre que Durkheim se limite le plus souvent à des considérations techniques ou externes, portant sur des critères éditoriaux ou simplement stylistiques. Le fil conducteur des remarques qui suivent est constitué par l'analyse de la manière dont Durkheim continue d'agir comme un militant de la science, alors même qu'il est condamné à la froideur technique pour être convaincant et pour être accepté par ses collègues du Comité. Quel type de concession, quelles modalités de la litote ou de l'*understatement* sont-elles utilisées pour accréditer une entreprise qui vise à stabiliser le corpus de livres accessible à la jeune génération, alors que Durkheim sait lui-même à quel point il est difficile d'être convaincant avec ceux qui accèdent à la culture savante, et qui sont très souvent susceptibles de confondre la mauvaise marchandise de librairie avec la bonne ? Durkheim va dans ses brefs rapports jouer un rôle prescripteur en un moment où il est indispensable de constituer un corpus du savoir républicain qui va objectiver le nouveau statut de la science.

Durkheim se trouve donc contraint de se référer à des exigences qui sont moins d'ordre épistémologique, que d'ordre institutionnel. Peut-on faire le départ aussi facilement entre la raison et l'institution ? Si la sociologie est régulièrement définie par Durkheim comme la " science des institutions[2] ", elle apparaît aussi, dans ces brefs textes évaluatifs, comme une pratique des institutions. La première partie de l'exposé est donc consacrée aux stratégies de Durkheim dans l'espace de discussion ouvert par le CTHS : il va s'agir de définir des critères de jugement communs à la collectivité savante, autour de la dimension publique, sociale et morale de l'activité scientifique. La question de l'innovation s'y trouve explicitement posée, ainsi que celle de la généralité ou de la synthèse dans le travail scientifique (Une définition de l'intérêt scientifique public). La deuxième partie s'engagera à partir d'un point en apparence plus ténu, celui qui permet de rendre compte de la manière dont Durkheim se saisit des textes et les examine à partir de critères qui ne sont pas exclusivement gnoséologiques (Une sociologie pratique des textes). Enfin, la troisième partie développe une question centrale pour l'œuvre de Durkheim, rarement examinée par les historiens de la sociologie tant ils sont obnubilés par la question de l'autonomisation et de l'institutionnalisation de leur discipline : l'intégration de Durkheim dans le monde philosophique de son temps (L'espace philosophique d'Émile Durkheim).

Une définition de l'intérêt scientifique public

On a déjà eu l'occasion de souligner, dans la présentation à cette édition, que la situation de la sociologie en France au début du siècle était caractérisée par diverses manières de faire et de théoriser, lesquelles enveloppaient des rapports différents aux institutions. C'est depuis l'Université que Durkheim construit son projet de science sociale : l'édification de la sociologie est indissociable de la reconstruction universitaire, pas seulement parce qu'il veut y loger sa discipline et lui faire assigner un statut éminent dans l'élaboration d'une pédagogie scientifique. Il se préoccupe simultanément de trouver une assise institutionnelle pour son projet scientifique et de redéfinir les missions de l'institution solaire à l'âge de la République, alors que la finalité même de l'action éducative a pu être obscurcie par les effets d'inertie propres au système d'enseignement. C'est tout le sens que prennent les cours réunis en 1938, plus de vingt ans après la mort de Durkheim, sous le titre, *L'évolution pédagogique en France*[3].

Professeur de philosophie dans l'enseignement secondaire, Durkheim avait demandé un congé pour l'année 1885-1886 afin d'avancer la rédaction de sa thèse, et surtout ses lectures dans les bibliothèques parisiennes. À ce moment de sa vie, l'activité scientifique du sociologue se limite à des lectures. Louis Liard[4], normalien, agrégé de philosophie, grand lecteur de Charles Renouvier, qui était alors directeur de l'Enseignement supérieur, le charge d'une mission sur l'enseignement de la philosophie en Allemagne ainsi que sur l'état des sciences sociales dans le pays. Durkheim y passe plusieurs mois au début 1886, et l'on sait l'importance de cette mission sur la redéfinition du projet durkheimien. Ce qui importe particulièrement dans cet épisode, c'est l'association entre le souci proprement scientifique – passer d'un questionnement philosophique sur l'individu et le social à la construction d'une sociologie de la division du travail et des formes de solidarité – et la préoccupation pour l'organisation institutionnelle du travail universitaire. La nécessité des entreprises collectives aussi bien que l'évaluation, par lectures et discussions croisées, des textes savants, sont au cœur de cette préoccupation : elles se nourrissent fortement de l'expérience allemande et revendiquent l'exigence de la formation du citoyen par le système d'enseignement[5].

Jean-Louis Fabiani

Les premiers textes publiés par Durkheim en 1885 sont des comptes rendus dans des revues philosophiques (essentiellement la *Revue philosophique* fondée en 1876 par Théodule Ribot). Il s'agit le plus souvent d'ouvrages en allemand publiés par des économistes, des psychologues et des philosophes, par exemple Wundt, Schmoller, Wagner, Gumplowicz). S'y ajoutent des articles sur l'organisation de l'université allemande et des résumés de cours ou de leçons d'ouverture. Les débuts de la carrière d'auteur de Durkheim sont marqués à la fois par la posture du lecteur-évaluateur dont il ne se départira jamais, et par l'importance donnée au travail pédagogique : les cours de Durkheim sont toujours des enseignements susceptibles de faire l'objet d'une publication. La figure du sociologue comme lecteur-critique est en effet centrale dans le projet scientifique de Durkheim. On a souvent remarqué l'importance que revêtait la recension d'ouvrages dans l'immense entreprise que fut *L'Année sociologique*, engagée en 1894. Plutôt que d'orienter les jeunes professeurs qui étaient à ses côtés vers des travaux de collecte, de terrain ou d'analyses de statistiques, Durkheim les a encouragés à produire des " Analyses ". Au sein du groupe, cette activité n'est en aucune manière annexe, initiatique ou subalterne : elle est au cœur du travail scientifique.

Il faut dire que l'exercice du compte rendu était le plus accessible à des jeunes professeurs de l'enseignement secondaire qui constituaient dans les premières années le gros des troupes de *L'Année*. Faire de la science, c'est ici faire des lectures, les évaluer à travers les grilles d'une exigence de méthode, et en dégager l'intérêt scientifique pour une communauté de lecteurs, qui peut varier dans sa définition (du groupe des pairs à l'ensemble des citoyens). L'intérêt pour la lecture de textes a beaucoup à voir avec la formation initiale de Durkheim, au sein des classes préparatoires et à l'École normale supérieure[6], et permet de relativiser le discours de la rupture avec les humanités qu'implique la fondation de science. Pour Durkheim, le développement des sciences sociales exige la naissance d'une nouvelle catégorie de lecteur, susceptible de distinguer la littérature de l'expression scientifique, la profération de généralités de la construction d'une argumentation rationnelle, la compilation d'idées existantes de l'innovation conceptuelle. L'essentiel de l'activité critique de Durkheim (celle-ci fut intense et lui valut beaucoup d'ennemis, même s'il apprit la prudence rhétorique à ses disciples) peut être mise en rapport avec les proclamations méthodologiques développées dans les *Règles de la méthode sociologique*. La sociologie transforme en effet le régime de lecture des textes, et aussi les principes de l'écriture savante. Lorsqu'il affirme qu'il est nécessaire pour la sociologie de " clore enfin l'ère des généralités "[7], Durkheim instaure une rupture entre deux âges de l'écriture et de la lecture dans les sciences sociales. Tant que la sociologie se contente de se poser des problèmes généraux (les questions sociales que les journalistes évoquent, mais aussi la philosophie sociale qu'une bonne partie du monde universitaire se contente d'exprimer sous une forme élaborée), elle n'a pas besoin de procédés spéciaux et complexes. C'est autour de la notion de *spécialité* qu'on peut reconstruire le système de lecture de l'auteur. Le lecteur sociologue a pour mission de disqualifier l'écriture comme art des généralités, commun à la fois aux publicistes qui entendent occuper sur le marché la place de l'expert social, et à l'universitaire traditionnel, de formation humaniste, qui se complaît dans les idées générales. Cette chasse aux généralités, liée au constat d'une sorte d'incompétence constitutive à traiter du social comme d'un objet *sui generis*, est l'un des plus puissants ressorts de l'écriture durkheimienne. D'où l'importance de la lecture évaluative, qui fournit un moyen efficace de la légitimation de l'entreprise scientifique, dans la mesure où l'exercice critique est producteur de démarcation. Le label " sociologie " ou " science sociale " ne fait au tournant du siècle l'objet d'aucun consensus : l'univers des discours sur le social est complètement dérégulé. Comme le remarque Jean-Michel Berthelot, " la science sociale, à l'époque de Durkheim, vit un gigantesque clivage, entre d'un côté des théories d'inspiration les plus diverses, entretenant un rapport le plus souvent allusif ou illustratif aux faits, et de l'autre, une accumulation désordonnée d'informations, de documents et de données "[8]. Pour définir le territoire de la science sociologique, le fondateur de science n'a pas seulement besoin de construire des concepts et de les mettre à l'épreuve, il doit intervenir comme lecteur pour discriminer dans la production pléthorique qui utilise les différents labels désignant une science de la société. Lire, c'est permettre de faire le départ, en acte, entre le mysticisme (très fréquent dans la prose polymorphe consacrée aux questions sociales) et le rationalisme, mais c'est aussi permettre de hiérarchiser différentes formes d'engagement rationaliste, pour isoler la démarche proprement scientifique. Lire, c'est expliciter l'exigence de professionnalisation dans le traitement du social qu'exige toute fondation de science. Lire, c'est imposer de nouvelles contraintes d'écriture, qui sont le complément nécessaire des procédures de construction de l'objet. C'est l'ensemble de ces critères de lecture qu'on retrouve à l'œuvre dans les rapports à finalité pratique publiés dans ce volume.

La contribution de Stéphane Baciocchi et de Jennifer Mergy dans ce volume a permis d'évoquer les critères de jugement à l'œuvre dans les évaluations que fait Durkheim. Pour prolonger ces analyses, il convient de dire que l'auteur des *Règles de la méthode sociologique* (1895) utilise dans ses rapports, de manière inégalement explicite, les catégories qu'il a mises en place pour définir le bon travail sociologique et le distinguer ainsi du dilettantisme, de l'essayisme, de la littérature ou de l'idéologie. Il faut considérer que Durkheim joue à deux niveaux à l'intérieur de ce comité : le premier est celui de l'évaluateur qui dit oui ou non en justifiant sa décision. Le deuxième est celui du spécialiste qui construit une grille de lecture issue d'un projet scientifique très particulier, mais qui a vocation à être diffusée et dont Durkheim pense qu'elle est particulièrement adaptée à l'Université républicaine. Il s'agit en effet de faire entrer des ouvrages dans des collections publiques, à des fins de production du savoir, beaucoup plus que de diffusion du savoir. Les bibliothèques publiques qu'il évoque, ou les étudiants dont il entend répondre aux besoins, sont entendus, non pas comme des espaces de

Clore enfin l'ère des généralités

diffusion ou des consommateurs, mais comme des institutions de renouvellement du savoir et des acteurs d'une dynamique scientifique. L'un des ouvrages de James Baldwin est refusé parce qu'il est jugé " exotérique ". On se souvient des dernières lignes des *Règles*, qui impliquent l'ascèse et la rupture avec le monde : " Nous croyons, au contraire, que le moment est venu pour la sociologie de renoncer aux succès mondains, pour ainsi parler, et de prendre le caractère ésotérique qui convient à toute science "[9]. Aussi l'université ne doit-elle pas faire de place à la vulgarisation, même lorsqu'elle est intelligemment faite, parce que celle-ci n'est pas productrice. Il vaut mieux que les étudiants lisent les auteurs (il est plus fécond de lire Auguste Comte qu'une synthèse sur Auguste Comte), comme on le voit à propos du jugement négatif établi à l'encontre de l'exécuteur testamentaire du philosophe, Alfred Dubuisson, qui fait montre de " piété religieuse " plutôt que d'exigence critique. Durkheim avait fait preuve de sa vigilance critique à l'égard de l'inventeur de la sociologie lorsqu'il s'était interrogé à propos de la validité de la loi des trois états :

> Aujourd'hui, il reste peu de choses du détail de la doctrine. La loi des trois états n'a plus qu'un intérêt historique. Les termes mêmes dans lesquels Comte se posait le problème le rendaient insoluble. Il croyait en effet à l'existence d'une loi unique selon laquelle se développait la société humaine en général, et c'est cette loi que le sociologue avait pour tâche de découvrir. Il admettait donc que le genre humain, dans sa totalité, forme une seule et même société et qui évolue toujours et partout dans le même sens. Or en fait l'humanité, dans son ensemble, n'est qu'un être de raison. Ce qui existe réellement, ce sont les sociétés particulières (les tribus, les nations, les cités, les États de toutes sortes, etc.) qui naissent et qui meurent, qui progressent et régressent, chacune à sa façon, qui poursuivent des fins divergentes, sans que ces évolutions diverses soient toujours sur le prolongement les unes des autres et se continuent à la manière des sections d'une même droite. Le devenir humain a une complexité que Comte ne soupçonnait pas[10].

Contre Comte, Durkheim va s'efforcer de montrer que " la réalité sociale est essentiellement complexe, non pas inintelligible, mais seulement réfractaire aux formes simples "[11]. Présentant l'état des sciences sociales en France au public italien en 1895, Durkheim remarquait que " notre esprit national, rempli de clarté, a une affinité naturelle avec tout ce qui est simple et, pour cette raison, en arrive à ne pas vouloir admettre la complexité, même là où elle existe "[12]. Pour Durkheim, si Comte est un auteur à lire, il doit être lu d'abord au titre de l'histoire des idées. En effet, il n'a pas permis à la sociologie de se constituer en discipline empirique, car l'achèvement de la science qu'il postule rend impensable tout programme de recherche : de ce fait, la sociologie comtienne reste tout entière prise dans la spéculation philosophique[13]. Durkheim fait preuve de la même sévérité avec Louis Prat, disciple de Charles Renouvier, qui " reproduit la pensée du maître sans y rajouter qui soit bien personnel ". Le sociologue ne doit pas faire un usage pieux des textes, même lorsqu'il s'agit de références qui appartiennent à l'histoire de la sociologie ou du rationalisme dont lui-même se réclame.

Le rejet, voire le stigmate, de la vulgarisation, à un moment historique où la question de la médiation du savoir en direction des citoyens éloignés de l'institution scolaire se pose avec une certaine acuité, comme on le voit à travers le mouvement des universités populaires ou à travers divers engagements de la gauche socialiste, suscitent deux remarques. La première concerne l'efficacité propre de l'assertion scientifique : celle-ci doit s'imposer parce qu'elle exprime une exigence méthodologique qui fait de la clarté un critère de validation du savoir, dans une filiation explicitement cartésienne. L'absence de clarté est d'ailleurs un critère qui conduit le sociologue à émettre une opinion négative : les qualificatifs " confus " ou encore mieux " tumultueux " précèdent en général un refus catégorique de la proposition de souscription. Durkheim estime que les textes scientifiques recèlent en eux-mêmes leur propre vertu pédagogique, les clés de leur élucidation. Il faut dire que

Durkheim vise explicitement dans ses notices un public de pairs. La deuxième remarque renvoie à l'impératif d'innovation qui doit désormais caractériser la recherche universitaire. L'on sait que la Faculté des Lettres a très longtemps porté peu d'attention à cette caractéristique des travaux au profit d'autres critères, qu'il s'agisse de la conformité à un canon doctrinal ou du privilège accordé à la forme d'exposition sur le fond objectal[14]. Dans ses critiques de l'enseignement littéraire et philosophique traditionnel, Durkheim a fortement insisté sur la tournure routinière que pouvait prendre une production tout entière arrimée à l'exigence de la prouesse scolaire et de la virtuosité rhétorique[15]. C'est la raison pour laquelle la qualité d'écriture ou d'exposition, souvent concédée à des ouvrages peu estimés par l'évaluateur, a une dimension plutôt négative. Le travail de l'Université se situe au contraire du côté de l'innovation permanente dans le cadre d'un labeur propre. Durkheim évoque ainsi les " travailleurs " à propos des *Études sur le syllogisme* de Jules Lachelier qu'il recommande de faire acheter. Il s'agit d'un travail classique : " Il est bon qu'il soit mis à la disposition des travailleurs sous une forme qui le rende plus accessible et plus maniable "[16]. Le monde de Durkheim est un monde du travail, dans lequel il convient de ne jamais brûler les étapes et dans lequel l'administration de la preuve est aussi bien un effet de la méthode que la conséquence heureuse d'un long investissement temporel. Un certain Dimitri Draghicesco, docteur de la Faculté des lettres de l'Université de Paris, chargé d'un cours de psychologie sociale à l'Université de Bucarest, qui publie pourtant dans la " Bibliothèque de Philosophie contemporaine " chez Félix Alcan, fait les frais de sa précipitation. Durkheim écrit : " hier encore étudiant à la Faculté des Lettres de Paris ", comme s'il était allé trop vite en besogne. La science doit montrer les signes extérieurs de l'effort et de la patience. L'innovation qu'exige Durkheim n'est pas à n'importe quel prix : elle exige une méthode. Les considérations plutôt extrinsèques du sociologue à propos de cet ouvrage s'expliquent très vraisemblablement par le fait que l'auteur semble se rallier à une démarche en termes de conscience collective (dans son avant-propos, il écrit : " Considérer le problème de la conscience individuelle au point de vue social, telle est l'idée maîtresse de ce livre "), tout en concluant à " l' impossibilité de la sociologie objective ". Une telle posture conduit à une critique radicale de la théorie de Durkheim, dont le but " est d'étudier les faits sociaux détachés des sujets conscients, du dehors, comme des choses. Cette méthode est, d'abord, pour M. Durkheim même, un artifice qui lui permet de prendre contact avec les faits plus profonds. Ce point de départ est oublié à la fin, et la sociologie positive se fonde sur une étrange méprise. Elle bannit la psychologie de l'explication que la science sociale doit fournir "[17]. Il faut reconnaître que les thèses de Durkheim font l'objet d'une perspective réductrice dans cet ouvrage et c'est sans doute la raison pour laquelle l'évaluateur, juge et partie, qualifie l'ouvrage d' " insoutenable " dans la mesure où Draghicesco fait de la conscience " un produit de la société ".

C'est autour de la question de la méthode qu'on peut décider du grand partage entre science et non science. À propos du sociologue américain Lester Ward, qui après avoir fait des études de droit, d'archéologie et de botanique et servi dans diverses institutions fédérales consacrées à la gestion du territoire, fut l'un des pionniers de la reconnaissance institutionnelle de la sociologie américaine, Durkheim se montre sévère. Recruté comme professeur de sociologie à l'âge de soixante cinq ans à l'université de Providence, il écrit des traités généraux inspirés d'Auguste Comte (*Dynamic Sociology* en 1883 et *Pure Sociology*, l'ouvrage recensé par Durkheim, en 1903). Prônant une sociocratie, basée sur l'existence d'une académie législative composée de sociologues à Washington, il conçoit un système public d'éducation généralisé à l'ensemble fédéral. Pour Durkheim, ce genre de projet n'est pas à l'ordre du jour, puisqu'il répond à la proposition de Ward en affirmant que " ce dont nous avons présentement besoin, c'est de travaux définis portant sur des objets déterminés et non de vastes synthèses qui embrassent toutes les questions possibles ". La question de la méthode revient sans cesse dans le système de jugement que Durkheim développe. Comme dans les *Règles*, c'est la détermination du statut de l'objet à traiter et la construction de séries pertinentes à propos de cet objet qui va constituer le travail de démarcation entre science et non science. La volonté de rompre avec les généralités est ici l'impératif catégorique : elle constitue en tant que telle une grille de lecture universelle pour les ouvrages recensés, bien que dans le corpus du CTHS elle soit beaucoup plus utilisée de manière négative, pour dénoncer l'indétermination de l'objet ou l'accumulation de généralités. Les outils de démarcation[18], établis dans les *Règles* et utilisés de manière plus ou moins explicite dans l'ensemble de l'œuvre, sont pleinement en service dans les jugements que le sociologue émet devant le comité. La méthode est associée à un certain nombre de gestes : la détermination d'un objet, sa circonscription si l'on peut dire, qui peut envelopper, comme dans l'ouvrage de Hachet-Souplet sur *L'instinct*, une multiplicité de méthodes (observations directes, éthologie comparée, dressage) ; l'usage de références que le lecteur puisse contrôler ; pas d'unité de construction : ainsi Denys Cochin se trouve-t-il débité, à propos de son *Descartes*, de l'absence de tous ces critères. Le caractère scientifique d'un ouvrage renvoie à la perception par le lecteur de l'unité d'un principe constructif, quels que soient par ailleurs les outils méthodologiques mis en place. La méthode scientifique s'oppose successivement à la " méthode intuitive " (critique de *L'Absolu*, de Ludovic Dugas), au caractère littéraire (imputé au livre *Les mensonges de la vie intérieure* de Gabriel Dromard), à la " méthodologie sans pratique effective et sans travaux déterminés " (à propos du *Rapport social* d'Eugène Dupréel) ou de la " description mal déterminée (à propos de la *Cosmosociologie* de Raoul Guérin de la Grasserie). Au plus loin de l'exigence scientifique se trouve l'activité journalistique du " publiciste " (le terme vient à deux reprises et il est lourd d'opprobre), mais toutes les formes d'écriture littéraire sont considérées comme des manifestations de non scientificité, même

Jean-Louis Fabiani

lorsqu'elles incluent la finesse ou la subtilité. L'attitude " idéologique ", qui consiste à traiter le monde social à partir du simple jeu des idées, est également stigmatisée, mais elle constitue en quelque sorte le mode dominant d'exercice dans l'ordre des questions sociales avant l'intervention, qui n'a pas encore produit tous ses effets, de la sociologie scientifique.

Plusieurs notions ont un statut ambivalent dans la critériologie mise en œuvre par Durkheim. On remarquera sans peine l'usage fréquent du terme " subtil ", qui est à la fois élogieux et stigmatisant. Il semble qu'il renvoie à un usage préméthodologique de l'intelligence analytique, et qu'il soit comme une perversion non voulue, et sans doute inconsciente, de l'acte de connaissance. La subtilité est plutôt positive lorsqu'elle est associée à l'ingéniosité (dont on peut estimer pourtant qu'elle présente un caractère préscientifique). On se souvient que dans les *Règles*, Durkheim avait, pour le critiquer, évoqué " l'ingénieux système de M. Tarde "[19]. L'ingéniosité et la subtilité ne sont pas toujours du mauvais côté. C'est qu'illustre le jugement favorable à l'égard du *Romantisme utilitaire* de René Berthelot (1872-1960), normalien, agrégé de philosophie et fils du chimiste (et positiviste) Marcelin Berthelot. La curiosité intellectuelle de l'héritier du grand positiviste est caractéristique de la nouvelle génération, puisqu'il a moins de quarante ans lorsqu'il publie le livre. " Toute cette discussion qu'il est difficile de résumer est ingénieuse, subtile, vraiment pénétrante quoique ça ait souvent un air dialectique et même parfois scolastique ". Ici la subtilité est plutôt renvoyée aux usages de l'Université médiévale, dont les rhétoriques et les modes d'organisation de la dispute sont l'expression d'un passé révolu. La subtilité renvoie également à des modèles plus récents, ceux qui caractérisent la prouesse littéraire : ainsi Durkheim voit en Dugas un moraliste " fin, pénétrant, subtil, plutôt que savant ". Il le caractérise à une autre occasion comme l'auteur " d'assez subtiles analyses ". D'ailleurs, le " talent de l'auteur ne suffit pas ", comme le dit le sociologue à propos du livre de Marcel Hébert sur *Le Divin*. Les qualités scientifiques ne sont pas des qualités littéraires, ne cesse pas d'affirmer Durkheim, lui-même pétri d'humanités, et qui n'a jamais été vraiment porté à la réflexivité sur son propre style argumentatif. C'est aussi que la finesse, la subtilité et le talent renvoient à la subjectivité, et ne permettent jamais de trancher sur la véridicité des assertions. Au contraire la méthode scientifique est objective et objectivante, elle s'identifie à la reconnaissance des objets et au silence des ressources subjectives. On peut même considérer que Durkheim est sensible aux arguments d'autorité de l'apparente objectivité scientifique, particulièrement lorsqu'il crédite Elie de Cyon, auteur d'une thèse tout à fait abracadabrante sur le labyrinthe de l'oreille et sur ses effets sur la localisation des compétences mathématiques, d'une scientificité dont il n'a que des éléments réputationnels pour décider. " Toute compétence nous manque, reconnaît Durkheim pour discuter des théories de M. de Cyon sur le labyrinthe de l'oreille. Mais étant donné que le physiologiste est d'une compétence reconnue, il paraît qu'un tel livre ne doit pas rester ignorée des étudiants ". L'évaluation est ici indirecte, et elle ne porte en aucune façon sur le contenu de l'ouvrage.

Le dernier élément remarquable est l'importance accordée à l'histoire dans la méthode. Ce point n'est peut-être pas suffisamment mis en lumière dans les commentaires qu'on a pu faire sur la conception durkheimienne de la connaissance sociologique, mais il est, à l'état pratique que constitue le moment de l'évaluation, crucial. La question de l'histoire apparaît au premier chef lorsqu'il s'agit de rendre compte de la vie des idées : Durkheim reproche à plusieurs commentateurs de ne pas reconnaître le caractère inéluctablement historique de toute activité de pensée. C'est le cas en particulier de la manière dont Dubuisson considère Auguste Comte. " C'est en historien qu'il s'agit d'étudier Comte ". A propos de Robert Michels et d'*Amour et Chasteté*, le sociologue écrit significativement : " Malgré le titre Études sociologiques, on n'y trouve presque aucune analyse historique ". C'est assez dire que la méthode sociologique inclut en son principe une préoccupation pour l'histoire, ou que la sociologie est une science historique. À propos de Cochin, il affirme avec sévérité : " Nous ne croyons pas que l'auteur se doute de ce qu'est la méthode historique ".

Les sciences sociales ne peuvent se construire sans qu'on prête attention à leur dimension historique. Durkheim l'a personnellement montré à propos du système d'enseignement dans le monde occidental. Un des mérites de la publication de ce corpus de rapports est de nous rappeler que la méthode sociologique est tout le contraire d'un point de vue structural et a-historique. L'objectivation des objets du savoir est indissociable de leur historicisation.

Une sociologie pratique des textes

L'histoire intellectuelle, et singulièrement l'histoire des sciences sociales, prend très rarement pour objet les formes matérielles de la circulation des idées. L'analyse du travail de Durkheim au sein du Comité, comme on l'a déjà bien perçu dans l'introduction à ce recueil, fournit une bonne occasion de mettre en lumière cette dimension. Par " sociologie pratique des textes ", il faut entendre d'abord la façon dont Durkheim " manipule " les livres en fonction de leur éditeur, de leur type d'édition et de leur mode de constitution (recueil d'articles déjà publiés, conférences, thèse, etc.). Il faut considérer ensuite le corpus d'avis motivés comme un document sur ce que Roger Chartier appelle " l'effectuation des espaces lisibles " dans la France intellectuelle du début du siècle[20].

Ce qui frappe à la lecture de la liste des livres que Durkheim doit juger, c'est son extrême hétérogénéité : qu' y a-t-il de commun entre l'auteur des *Essais sur le syllogisme*, Jules Lachelier, normalien, agrégé, vieux philosophe universitaire hostile à l'émergence des sciences sociales, (c'est lui qui, lors de la séance de la Société française de philosophie consacrée à l'examen des *Formes élémentaires de la vie religieuse* (1912), évoquera avec dédain le " dieu des carrefours " qu'il croit reconnaître comme l'objet central de Durkheim) et Louis Chachoin, qui propose, l'année même de la parution des *Formes élémentaires* un ouvrage de synthèse sur les *Religions* dont même l'information " retarde de plus d'un siècle " selon le sociologue ? C'est que l'édition d'ouvrages portant sur des idées, bien qu'en expansion, constitue une activité médiocre-ment lucrative, et qu'il importe d'obtenir toutes les formes de soutien qui se présentent. Le nouveau développement que connaît l'enseignement universitaire, longtemps réduit en France à sa plus simple expression face à l'*imperium* de l'enseignement secondaire, est une occasion de trouver de nouvelles aides et de nouveaux publics. C'est aussi, pour de petits éditeurs et pour des auteurs extérieurs au monde de l'enseignement, une manière de gagner un label, une reconnaissance officielle qui leur garantit un statut de " savant ". À l'aide de cette qualification, il est possible de maintenir et de prolonger l'état d'indétermination relative de la production idéologique. C'est pourquoi les demandes de souscription peuvent être assorties de sollicitations politiques directes (celles-ci sont loin d'avoir disparu dans le monde universitaire contemporain, mais elles ont lieu désormais uniquement à l'intérieur de l'espace universitaire). Louis Chachoin s'appuie sur un argument d'opportunité politique lorsqu'il s'adresse au ministre de la Justice, Jules Steeg, pour lui demander son appui : " La question religieuse et de défense laïque étant à l'ordre du jour, je pense que votre Ministère pourrait encourager la propagation de ce livre ". On comprend qu'un des moteurs les plus puissants pour l'activité du critique soit la question de l'intérêt public de l'acquisition de livres, sur laquelle Durkheim insiste souvent. Si le point de vue de la supériorité savante de l'intellectuel de service public n'est jamais exprimé dans la critériologie durkheimienne, on pressent qu'il joue un rôle central, comme on le voit à partir de la liste des avis favorables où les universitaires sont majoritaires.

Il est clair que cette qualification est un puissant enjeu de luttes. La reconnaissance universitaire ne constitue pas encore un critère discriminant : dans la production des idées, les professeurs restent largement minoritaires. Les grandes références philosophiques du XIXe siècle, Maine de Biran, Comte et Renouvier, n'étaient pas des philosophes professionnels. Le fait que les universitaires publient régulièrement des livres est un phénomène récent. Dans l'espace parisien, l'existence d'une sorte de " scène centrale " (pour reprendre la notion d'élite centrale développée par Ben David et Collins[21]) est déterminante pour comprendre l'intensité de la circulation entre les différents pôles de la vie intellectuelle. Le thème de la culture générale comme fin première du système d'enseignement et les formes spécifiques que prend l'inculcation de l'enseignement littéraire français renforcent la représentation admise selon laquelle les intellectuels, quel que soit leur champ de compétence d'origine, peuvent prendre position indifféremment sur tous les sujets. Le savant spécialisé est une figure socialement peu présente. Entre 1903 et 1915, au moment où il livre ses avis au CTHS, Durkheim est un universitaire reconnu, même s'il a des ennemis et que la discipline qu'il entend pérenniser comme science n'est pas encore institutionnalisée. Il est plus attaché que d'autres à faire advenir la coupure entre savant et mondain (évoquée en tant que telle dans ses commentaires, par exemple à propos de l'édition d'un recueil d'Herbert Spencer, *Faits et commentaires*, qui s'adresse " aux hommes du monde " plutôt qu'aux savants), mais aussi entre littéraire et scientifique, entre métaphysique et historique. Le travail de Durkheim comme lecteur critique est un travail de catégorisation intense à caractère performatif. Au-delà de la profération d'un jugement de valeur ou d'opportunité, il s'agit de faire exister des catégories qui nous semblent aller de soi aujourd'hui, mais qui sont le produit d'une histoire collective à laquelle l'auteur des *Règles* a très puissamment contribué. Lorsqu'il rédige ses rapports, Durkheim sait fort bien que la réalité du monde social ne présente pas de tels clivages, et que bien des savants dont il examine les écrits sont aussi des mondains. Le corpus défini par les demandes de souscription exprime fort bien l'état de cacophonie dans lequel se trouvent les champs du savoir au début du XXe siècle. Les catégories et les classifications que construit le sociologue avec volontarisme et énergie sont destinées à être pérennisées et à fonctionner comme instance pratique d'identification des productions. Les rapports au CTHS sont donc très utiles pour comprendre comment se constitue une logique pratique des formes de classification, logique qui permet à des bibliothécaires, des étudiants et des professeurs d'évaluer un livre avant même de l'avoir ouvert, à l'aide d'un nombre limité d'éléments identificateurs (nom de l'éditeur, format, titres de l'auteur, etc.).

Une des caractéristiques principales de l'édition française au XIXe siècle est son étroite spécialisation : à la différence de ce qui se passe en Grande-Bretagne ou aux États-Unis où les maisons d'édition générale (*general publishers*), publiant des livres dans tous les domaines occupent la plus grande place, les éditeurs français sont le plus souvent limités à un seul type de livre, et leur nom est en général fortement associé à une forme particulière d'ouvrage, voire à un certain style[22]. Dans ce cas l'image publique d'un éditeur peut être identifiée à celle d'une école littéraire ou philosophique. Les éditeurs scientifiques et scolaires apparaissent progressivement en France au cours du XIXe siècle : leur émergence est évidemment liée à l'expansion d'un vaste marché scolaire. Ce nouveau secteur est développé par des individus ayant reçu une formation universitaire, pourvus de caractéristiques intellectuelles différentes de celles de leurs concurrents et d'un réseau de relations dans le monde universitaire et intellectuel. C'est un lieu commun, jusqu'à la fin du XIXe siècle, de reprocher aux éditeurs, lors des crises récurrentes de la librairie, leur manque d'instruction et le fait qu'ils sont incapables de prendre en compte la spécificité de leur produit. Les nouveaux éditeurs, dotés de ressources scolaires, importent des attitudes nouvelles dans la sphère de la production, lesquelles sont en partie l'effet de la relation entretenue avec le système d'enseignement, et notamment la relation au temps qui lui est consubstantielle. C'est ainsi qu'on peut comprendre l'intégration dans la gestion de la production de la notion de profit différé : les éditeurs savants sont en mesure de s'organiser pour " attendre longtemps leur récompense ", selon la formule de Jean-Alexis Néret[23]. Henri Baillère présente son activité éditoriale comme celle d'un modeste collaborateur des grands hommes. Louis Hachette, lui même normalien, sut profiter du marché scolaire sous la Monarchie de Juillet, mais il fut aussi celui qui eut à cœur de " soutenir des entreprises de longue haleine dont le profit n'était pas toujours assuré ", selon Néret. La figure de l'éditeur cultivé se développe régulièrement dans la deuxième moitié du XIXe siècle. Au tournant du siècle, la notion de " collection " s'impose comme instrument de la configuration du savoir. Celle-ci se superpose au nom de l'éditeur pour produire des effets d'identification : dans certains cas, la collection finit par avoir plus d'importance que les livres, dans la mesure où elle organise et rend permanente la cohérence scientifique ou idéologique d'un ensemble d'énoncés.

Il est un éditeur que l'on associe spontanément au développement de l'édition philosophique, psychologique et sociologique de l'époque. Il s'agit de Félix Alcan. La maison d'édition a bénéficié de l'essor de la librairie savante au XIXe siècle, et son image publique, qui a une dimension internationale, est très fortement associée à la collection " Bibliothèque de philosophie contemporaine ", à laquelle appartiennent plusieurs ouvrages que Durkheim est conduit à recenser. Félix Alcan, né en 1841 dans une famille de libraires de la communauté juive de Metz, entre à l'École normale supérieure dans la section des sciences mais développe de profondes amitiés avec des littéraires, dont Théodule Ribot, philosophe et psychologue. Il réalise progressivement un projet éditorial caractérisé par l'ouverture à des points de vue divers (en opposition au caractère idéologiquement marqué de bon nombres d'éditeurs spécialisés), le souci de l'innovation et l'association étroite avec le meilleur de la recherche universitaire. En reprenant le fonds assez important de Germer-Baillère, Alcan peut développer des collections et des revues (*Revue philosophique*, *Année psychologique*, *Année sociologique*, *Journal de psychologie normale et pathologique*, notamment) auxquelles les nouveaux développements de l'Université offrent une chance de s'installer durablement dans le paysage éditorial. Alcan a occupé une place vide dans le champ de l'édition française, en ouvrant d'abord à ses camarades de promotion, puis à leurs successeurs la possibilité d'être quelque chose comme des directeurs de collection, créant ainsi les conditions d'un nouveau rapport entre le livre et l'universitaire. Alcan confie des responsabilités éditoriales à Ribot, le directeur de la *Revue philosophique* et à Gabriel Monod, le directeur de la *Revue historique*, tout en gardant le contrôle ultime sur la décision de publication. Avec Alcan, les universitaires peuvent avoir une influence sur la diffusion de leurs idées ; plus précisément, il offre la possibilité aux philosophes d'entrer de plain-pied dans l'univers de l'édition. C'est alors que le succès d'un livre peut devenir un élément important de la carrière universitaire. Prolongement de l'Université avec laquelle elle entretient des liens étroits, la maison d'édition, et même la maison de l'éditeur, devient un lieu de sociabilité entre les professeurs. Il s'y échange des informations et s'y élabore quelque chose comme un style de vie propre, loin des salons, mais loin aussi de la stricte existence universitaire. La " couverture verte bien connue "[24] qu'évoque Lucien Lévy-Bruhl à propos de la Bibliothèque de philosophie contemporaine est dotée d'un fort pouvoir signalétique et identificateur. Alcan est l'éditeur de Durkheim et de *L'Année sociologique* : les deux hommes ont des rapports cordiaux mais sans indulgence, comme en témoignent les diverses remarques que Durkheim fait dans ses correspondances à propos de la nature de la publication et du contrat d'édition de la revue[25].

Au début du XXe siècle, un autre éditeur développe des activités dans le domaine de la philosophie et des sciences sociales. Il s'agit de Flammarion, lié aussi au monde savant, mais qui va développer une stratégie commerciale très différente. La collection intitulée " Bibliothèque de philosophie scientifique "

Jean-Louis Fabiani

est fondée en 1902 par Gustave Le Bon, médecin de formation mais écrivain de son état, auteur de nombreux ouvrages sur la psychologie des foules dont le retentissement idéologique est alors extrêmement puissant. Cette collection, comme l'évoque Durkheim dans ses rapports au CTHS, est expressément destinée au grand public. Le Bon édite plus de titres qu'Alcan dans sa propre collection (celle-ci en comptera jusqu'à plus de deux cent cinquante). Les auteurs peuvent être des universitaires de renom (la *Science et l'hypothèse* de Lucien Poincaré est publié dans la collection). Le projet éditorial de Le Bon est fondé sur le succès rapide, ce qui implique une lecture aisée, des thèmes attrayants à travers des généralités ou de vastes fresques (tout ce que Durkheim exclut dans ses évaluations au titre de l'absence de scientificité). Le Bon se vantait souvent d'être l'homme " qui faisait gagner le plus d'argent à Flammarion "[26]. Une des clés de sa réussite est l'association très ingénieuse qu'il réussit à faire entre certaines assertions de scientifiques ou de philosophes sur les limites de l'épistémologie positiviste (c'est lui qui a imposé dans le public l'idée que le conventionnalisme constitue une véritable révolution intellectuelle) avec des éléments idéologiques conservateurs[27].

La logique des champs exigerait que l'on oppose terme à terme les maisons Alcan et Flammarion et que l'on constitue ainsi une polarité. Les choses sont en fait un peu plus complexes. Plusieurs auteurs universitaires circulent entre les éditeurs, leur offrant des produits différenciés : Henri Bergson, Émile Boutroux, Alfred Binet et Pierre Janet se retrouvent ainsi au catalogue des deux éditeurs. Alcan, comme on le voit très bien dans les rapports que fait Durkheim, n'a pas une production entièrement homogène. L'écrivaine et aventurière Alexandra David-Neel est publiée à son enseigne. Le sociologue juge que l'ouvrage ne présente aucun caractère scientifique. Il y a pire : l'inconnu, et récent étudiant, Dimitri Draghicesco, dont on a déjà parlé, publie en 1907 chez Alcan l'exemple de ce qu'il ne faut pas faire en sociologie, alors qu'il produit un livre " comme il y en a malheureusement tant ".

L'opposition Alcan/Flammarion n'est pas seulement une reconstruction historique. Elle fonctionne aussi à l'état de savoir pratique dans l'opération du jugement, au moins comme réticence, sinon comme obstacle dirimant. Durkheim est fort élogieux à l'égard de l'ouvrage sur la *Genèse des instincts* de Pierre Hachet Souplet, publié en 1912 chez Flammarion, mais il ne peut s'empêcher de faire remarquer que l'ouvrage est édité dans une collection à la très vaste clientèle, et très rémunératrice. Durkheim a de forts principes de classement, mais il obéit également au principe de réalité. Il ne discute pas vraiment des mérites des ouvrages de Georges Dumas ou de Théodule Ribot publiés chez Alcan, qui font partie des grands incontournables de l'enseignement supérieur républicain, et ne fait pas état de manière détaillée de son point de vue sur la psychologie. Il s'agit d'alliés auxquels il va de soi qu'il faut apporter son soutien, parce que leurs ouvrages constituent l'ossature d'une Bibliothèque scientifique républicaine qui constitue l'arrière-plan des décisions de Durkheim. Il évite soigneusement tout jugement de valeur sur le grand livre de William James, alors qu'il l'a lui-même fortement discuté : c'est paradoxalement au nom de son succès et de sa vaste circulation qu'il faut le soutenir, alors que la logique de la souscription implique plutôt la restriction de l'aide aux ouvrages confidentiels. L'image d'un Durkheim réaliste s'impose ici, qui réserve une partie de ses coups aux *outsiders* et qui parmi deux ouvrages de Georges Bohn, choisit celui qui est publié par Alcan, dans la mesure où l'autre, publié chez Flammarion, est paru dans une " collection qui s'adresse au grand public, qui dispose d'une vaste clientèle et (que) pour cette raison il ne nous paraît pas que les ouvrages qui y paraissent aient besoin d'une souscription universelle ". Le sens pratique de Durkheim associe ainsi une grande rigidité classificatoire et une certaine souplesse dans l'application de ses propres consignes. Le sociologue se meut avec aisance dans un univers qu'il contribue puissamment à organiser et à orienter.

Jean-Louis Fabiani

L'espace philosophique d'Emile Durkheim

On a pu montrer que les jugements de Durkheim étaient surtout intéressants en ce qu'ils donnaient à voir, actualisés par une logique pratique les principes méthodologiques énoncés par l'auteur, particulièrement dans les *Règles*. On a constaté chemin faisant que le juge pouvait introduire de la souplesse dans ses critères et qu'il tenait compte de la réalité sociale et institutionnelle, tout en tentant d'y imposer un ordre bibliographique. Les remarques philosophiques et sociologiques que l'évaluateur introduit *passim* ne suffisent pas à rendre compte d'une conjoncture ou d'un système de positions. Il est néanmoins intéressant de reconstituer, de manière provisoire et limitée, l'espace philosophique dans lequel Durkheim se meut au sommet de sa carrière.

Quand il rédige les rapports pour le CTHS, Durkheim est en effet, un universitaire reconnu dans l'univers du savoir républicain. Il n'a plus à prouver de manière très conquérante le bien fondé de sa démarche. S'il est la cible de la droite littéraire dans les premières années du siècle, c'est sans doute au moins autant au titre de son appartenance à la nouvelle Sorbonne (et à sa participation au camp dreyfusard) qu'à sa volonté de fonder la sociologie à partir de l'Université. Dans ses rapports au CTHS, il fait montre d'une combativité intellectuelle exceptionnelle et d'une maîtrise pratique du jugement tout à fait remarquables. Cet effet de tension est en partie la conséquence du format même de l'écrit. La notule conduit à aller à l'essentiel, à faire entrer les décisions dans un système unifié et en quelque sorte partiellement automatisé. On note dans son travail une véritable dimension bibliométrique qui lui permet d'assigner à un ouvrage une place déterminée dans un espace qui est simultanément mental, méthodologique et bibliographique. La cohérence du juge est frappante, et même les adaptations de la décision aux contraintes du réel ou de la pression institutionnelle ont lieu sans que la batterie de critères soit vraiment remise en cause. Sous ce rapport, il semble que ceux qui aient émis l'hypothèse de l'existence d'une pluralité de phases dans l'œuvre durkheimienne, et qui se soient faits les avocats d'une sorte de retour au spiritualisme au cours de la maturité, et notamment autour de la préparation et de la publication des *Formes élémentaires de la vie religieuse*, n'aient pas tenu compte de la cohérence méthodologique de l'auteur à travers le temps et les circonstances[28]. Le philosophe Émile Bréhier (1950) voyait en lui, dans un ouvrage philosophique écrit entre les deux guerres, un tenant du spiritualisme. Talcott Parsons (1937), dans son projet de reconstruction fonctionnaliste des fondations de la sociologie, distinguait deux Durkheim : le premier, pilier du structuro-fonctionnalisme, que l'on retrouve aussi bien dans les *Règles* que dans le *Suicide*. Le second, c'est le penseur idéaliste des *Formes élémentaires* et des derniers textes avec lequel les sciences sociales peuvent prendre leur distance[29]. C'est ce prétendu second Durkheim qui a fait l'objet de réinvestissements " pragmatistes " ou ethnométhodologistes, aux États-Unis et plus récemment en Europe.

Une des leçons de la lecture des rapports rédigés pour le CTHS, c'est que les *Règles* ne constituent pas un élément mineur dans son œuvre, dont le caractère dogmatique se serait atténué à mesure que Durkheim gagnait en reconnaissance universitaire et en assurance sociale. Le petit ouvrage présente les éléments les plus formalisables d'une relation à l'objet dont on retrouve les effets dans l'ensemble de l'œuvre, mais aussi sur la représentation de toute production intellectuelle. " Notre principal objectif, disait Durkheim en 1895, est d'étendre à la conduite humaine le rationalisme scientifique "[30] C'est cette référence au rationalisme qui permet de comprendre à la fois le mode de détermination de l'objet à construire et l'inscription propre de Durkheim dans l'espace philosophique qui lui est contemporain. Toutes les formes de savoir sont justiciables du même traitement, comme le montre la manière dont Durkheim garde le même cap méthodologique à propos d'ouvrages très hétérogènes proposés à la souscription. La méthodologie employée présente un caractère universel : elle est à la fois grille de lecture et principe d'action dans le monde de la science en général, et pas seulement de la sociologie en son moment de fondation. Le rationalisme s'oppose au mysticisme (lequel devient une catégorie générale pour penser le subjectif, le rapport émotif au monde, ou une relation au monde par les affects, et englobe des formes très diverses dans leur expression de non rationalisme). Mais le rationalisme, sous la forme de ses composants logiques, ne suffit pas à définir le rapport scientifique au monde : celui-ci suppose la sortie de la raison limitée à l'univers des idées, et exige l'objectivisme, comme volonté d'aller des choses aux idées, et non l'inverse. La critique de l'analyse " idéologique " confirme la nécessité d'une approche objectiviste, qui postule l'existence de la société comme réalité *sui generis*.

L'indétermination relative de la position philosophique de Durkheim est un trait constant de la réception de son œuvre. Steven Lukes fait à bon droit remarquer que Durkheim a été qualifié de matérialiste et d'idéaliste, de positiviste et de métaphysicien, de rationaliste et d'irrationaliste, d'athée dogmatique et de mystique, de précurseur universitaire du fascisme, d'agent du conservatisme bourgeois, de libéral fin-de-siècle et de socialiste[31]. Le cadre interprétatif adéquat est à l'évidence celui d'un rationalisme travaillé de l'intérieur par les difficultés que pose aux schèmes objectivistes la question des représentations, celle de l'effervescence religieuse ou rituelle, et enfin par le déplacement que fait subir aux sciences sociales le pragmatisme philosophique. Toutes les interprétations partielles, et le plus souvent idéologiquement orientées, de l'œuvre du sociologue tiennent à la non prise en compte de l'univers de référence au sein duquel il a orienté son projet expressif. C'est ce qui apparaît clairement dans les secondes préfaces de la *Division du travail social* ou des *Règles*. Les sociologues ont peu d'intérêt pour l'histoire sociale de leur propre discipline. L'héroïsme du héros fondateur flotte souvent dans le vide historique : le cas de Durkheim est pourtant exemplaire de ce qu'une œuvre doit à son contexte expressif. C'est ce qu'a particulièrement bien montré Jean-Claude Chamboredon[32]. Au tableau qu'il dressait en 1984 on peut ajouter un certain nombre d'éléments, que confirme la lecture des rapports de souscription ici réunis. Pour comprendre le moment Durkheim, il faut d'abord prendre en compte le fait que l'auteur de travaux comme le *Suicide* est resté un membre à part entière de la communauté des philosophes républicains, en dépit du fait qu'il n'ait cessé de revendiquer l'autonomie complète pour la discipline qu'il souhaitait institutionnaliser. Pour s'en persuader, il suffit de lire la bibliographie durkheimienne et les lieux de publication de ses travaux, majoritairement les deux grandes revues philosophiques de l'époque, la *Revue philosophique* et la *Revue de métaphysique et de morale*, peu suspecte pourtant d'avoir un point de vue positif sur son entreprise. C'est dans cette dernière qu'il publie en 1898 " Représentations individuelles et représentations collectives " et en 1909 " Sociologie religieuse et théorie de la connaissance ", qui sera repris avec des corrections dans les *Formes élémentaires*. Son appartenance au champ philosophique est également attestée par son assiduité relative aux sessions de la Société française de philosophie dont il est membre actif. La liste des co-présences aux dites séances établie par Stéphane Baciocchi est extrêmement significative. Étant donné le rôle éminent que jouent les fondateurs de la *Revue de métaphysique et de morale* dans l'animation des débats, il n'est pas étonnant que le sociologue voisine le plus souvent avec les tenants du néo-spiritualisme rationaliste. Xavier Léon, Léon Brunschvicg, Élie Halévy, Alphonse Darlu et Jules Lachelier sont, avec Célestin Bouglé, qui jouera souvent le rôle de médiateur entre les philosophes de la *Revue* et les membres de l'École sociologique française, les membres qui voisinent le plus souvent avec Durkheim lorsqu'il assiste aux séances. Il faut ajouter le fait que le sociologue a privilégié au cours de ces séances les thèmes liés à la métaphysique et à la morale plutôt que les exposés sur l'activité scientifique contemporaine, relativement fréquents dans les premières années du siècle. Il est assez régulièrement absent des séances consacrées à la logique ou aux sciences de la nature. On constate d'ailleurs que des philosophes des sciences ou de la logique comme Gaston Milhaud ou Louis Couturat croisent beaucoup moins fréquemment Durkheim à la Société française de philosophie que les métaphysiciens. On a souvent conclu du silence du sociologue face au débat très développé sur le statut des sciences (dont il ne peut pas ne pas être informé), qu'il était insensible à la marche des sciences en train de se faire, ou pire qu'il était handicapé par une représentation positiviste de l'activité scientifique et par une culture essentiellement littéraire et philosophique. Il faut sans doute nuancer ce point de vue[33] : s'il est vrai que Durkheim ne montre guère d'intérêt pour les pratiques scientifiques qui ne le concernent pas, il tient très probablement aussi à ne pas s'engager dans le débat, très chargé idéologiquement, des " révolutions scientifiques " en cours, et qui mettent en question, de manière inégalement articulée, l'objectivisme qu'il tient pour fondatif des sciences sociales. On peut conclure de ces brèves remarques que la philosophie reste le milieu propre de Durkheim, sans doute plus que celui des sciences sociales, où sa position de pourfendeur de toutes les dérives publicistes ne lui permet pas de jouer un rôle fédérateur ou intégrateur.

Il est remarquable que l'on ne décèle dans les rapports au CTHS aucune propension à l'anti-philosophie, posture qu'on a souvent reprochée à Durkheim. Au contraire, la philosophie reste une nécessité dans l'apprentissage, comme on le voit à propos des remarques consacrées aux livres de Jules Lachelier, de Ludovic Dugas ou d'Eugène Dupréel. Marqué par sa formation, redevable aux enseignements de son maître Émile Boutroux, le sociologue estime que la discipline qu'il veut construire constitue une véritable relève de la philosophie : mais il continue de dialoguer avec les philosophes et d'inscrire son travail dans un espace collectif où il est parfaitement à l'aise avec eux. Si un homme comme Alfred Binet, psychologue positiviste et co-fondateur des tests d'intelligence, est brocardé par les philosophes lors des séances de la Société française de philosophie, Durkheim voit toujours ses thèses discutées avec un grand respect : il est même quelquefois loué, même lorsque le débat a été rude, comme en témoigne la séance consacrée à la discussion des *Formes*, ouvrage jugé comme " magistral " par des auditeurs comme Henri Delacroix[34]. Il serait vain pourtant de voir dans la fin de la carrière de Durkheim une sorte de sursaut spiritualiste, ou un tournant idéaliste : il reste fidèle à lui-même tout en tirant partie de l'actualité philosophique, et notamment du pragmatisme qui suscite un véritable engouement au début du siècle en France. C'est ce qui apparaît notamment dans la tentative que fait René Berthelot pour interpréter dans le cadre du pragmatisme le projet de Nietzsche et le conventionnalisme de Poincaré. Durkheim ne manifeste aucune hostilité à l'égard de la démarche pragmatiste et il loue Berthelot de s'être efforcé de " critiquer le pragmatisme en l'approfondissant et en le dépassant ". L'ouvrage est fort éloigné de l'intérêt particulier que Durkheim porte au pragmatisme. L'évaluation de l'ouvrage de William James sur *L'expérience religieuse. Essai de psychologie descriptive*, n'est pas nécessairement plus éclairante : " Quelques réserves que l'on puisse faire sur la thèse soutenue par M. William James, son ouvrage est aujourd'hui trop connu, il a été l'objet de trop importantes discussions pour ne pas approuver l'idée que l'on a eue d'en offrir une traduction au public français. Quelle que soit la doctrine personnelle de l'auteur, on trouve dans ce livre une remarquable et instructive collection de documents sur les divers courants religieux qui travaillent notre époque ". Durkheim n'entre pas dans l'évaluation de l'ouvrage, mais défend le principe d'une souscription au nom de considérations extrinsèques : le fait que l'auteur ait fait l'objet de très nombreuses discussions, et le fait que la traduction soit d'une grande qualité. Il reconnaît cependant la qualité documentaire de l'ouvrage, ce qui pourrait sembler condescendant si l'on ignorait l'intérêt critique du sociologue pour le philosophe américain, manifeste depuis l'article de 1898 (" Représentations individuelles et représentations collectives "), jusqu'aux cours sur le pragmatisme de 1913-1914[35] en passant par les *Formes élémentaires*. La prudence de Durkheim dans son rapport, marqué par la répétition de la forme concessive ("quelques réserves", "quelle que soit la doctrine"), s'explique peut-être par l'intérêt ambivalent qu'il porte au philosophe américain. Durkheim a trouvé en James un excellent informateur sur les formes contemporaines de la vie religieuse. Il n'hésite pas à proclamer son accord sur plusieurs points dans le célèbre texte de conclusion qu'il donne aux *Formes élémentaires*. Il ne s'agit aucunement ici de reconnaître les mérites documentaires de l'ouvrage, mais de s'accorder sur la nature de l'expérience religieuse : " Toute notre étude repose sur ce postulat que ce sentiment unanime des croyants de tous les temps ne peut pas être purement illusoire. Tout comme un récent apologiste de la foi, nous admettons donc que les croyances religieuses reposent sur une expérience spécifique dont la valeur démonstrative, en un sens, n'est pas inférieure à celle des expériences scientifiques, tout en étant différente. Nous aussi nous pensons " qu'un arbre se reconnaît à ses fruits " (p. 19 de la traduction française des *Varieties of Religious Experience*) et que sa fécondité est la meilleure preuve de ce que valent ses racines. Mais de ce qu'il existe, si l'on veut, une " expérience religieuse " et de ce qu'elle est fondée en quelque manière – est-il, d'ailleurs, une expérience qui ne le soit pas ? – il ne suit aucunement que la réalité qui la fonde soit objectivement conforme à l'idée que s'en font les croyants "[36]. Dans les dernières pages du livre, Durkheim cite aussi avec faveur les *Principes de psychologie* de William James lorsqu'il est question de la cristallisation du concept ou de la dimension spatiale des sensations. La discussion serrée que fait le sociologue des travaux du philosophe dans ses cours consacrés à *Pragmatisme et sociologie*, qui mettent à forte contribution le travail de René Berthelot, témoigne de l'attention qu'il porte aux orientations de la nouvelle philosophie américaine qui constitue à la fois un soutien pour la jeune science (qu'il s'agisse de la notion d'expérience ou de l'apport que constitue la réflexion sur les sensations et les idées). L'intérêt pour la philosophie américaine n'est pas propre à Durkheim. Charles Sanders Peirce avait écrit en 1879 un article en français pour la *Revue philosophique* de Théodule Ribot (" Comment rendre nos idées claires "). L'œuvre de James suscita un intérêt instantané, avant que la philosophie française postérieure à la première guerre mondiale ne la réduise à une idéologie du succès pratique des idées, en se limitant à l'affirmation selon laquelle le vrai consiste simplement en ce qui est avantageux pour notre pensée. Pour Durkheim, le pragmatisme a un intérêt tout autre que documentaire : il permet d'étayer un certain nombre de thèses durkheimiennes sur la nature de la vie religieuse, mais aussi sur la genèse sociale des catégories et sur leur mise en œuvre pratique. C'est ainsi que James peut être crédité par la sociologie d'avoir surmonté le mode de pensée dualiste qui distingue entre la pensée et la réalité objective[37] dans au profit d'une conception dynamique de l'action. Durkheim n'a jamais cessé pour autant de critiquer l'approche individualiste à laquelle se cantonne le pragmatisme et qui ne lui permet pas de prendre en compte la dimension collective de l'action qui s'éprouve dans l'expérience et par la pratique. S'il est fréquent aujourd'hui que les réappropriations de l'œuvre de Durkheim aillent jusqu'à identifier une forme de tournant pragmatiste dans les derniers travaux, on peut raisonnablement douter du fait que l'intérêt du sociologue pour la philosophie américaine ait été l'occasion d'une rupture méthodologique ou épistémologique. Comme le remarque Alban Bouvier, après une discussion serrée des réinvestissements contemporains dont est l'objet le dernier Durkheim, " il n'est pas sûr que le rapport de Durkheim à James ou Peirce (auquel certains chercheurs s'intéressent actuellement) soit plus profond que son rapport à Mill "[38]. Les remarques critiques qu'il adresse au livre d'Albert Schinz, *Anti-pragmatisme* permettent de prolonger le débat. Durkheim y souligne le fait que le conventionnalisme (ou ce qu'on a quelquefois appelé le commodisme) qui s'impose en philosophie des sciences en France au début du XXe siècle n'est pas une philosophie pragmatiste, au motif que la " commodité spéculative ", évoquée dans la notule, sur laquelle Poincaré et

Jean-Louis Fabiani

Tannery ont travaillé, ne peut pas être considérée comme l'équivalent d'une commodité pratique. Le sociologue pourfend aussi le fait que le pragmatisme est philosophiquement faux mais que dans l'ordre pratique il a une grande efficacité, dans la mesure où, selon Schinz, " entre la vérité et l'opportunité sociale il y a divorce ". Il faut que les masses soient pragmatistes, la vérité est seulement bonne pour les élites : Schinz est très loin de Durkheim, pour lequel il y existe un lien fort entre le savoir et la démocratie. Le caractère serré de l'argumentaire de Durkheim dans ce rapport montre tout l'intérêt qu'il porte au débat sur le pragmatisme, bien que le débat prenne un tour très idéologique en France. La nouvelle philosophie américaine connaît une réception rapide dans le pays, bien qu'elle tranche avec les manières continentales de faire de la philosophie. Le pragmatisme devient un front de débats, une pierre de touche, qui permet de réévaluer les théories de l'activité scientifique aussi bien que les théories de l'action, et qui suscite un intérêt particulier du fait du renouveau des préoccupations savantes pour la religion, thème par lequel William James a d'abord attiré l'attention.

L'univers des sciences sociales est le second cadre de référence de Durkheim. Celui-ci est constitué majoritairement par ce qu'il sera convenu d'appeler par la suite " sociologies non durkheimiennes " (l'école de Le Play, Tarde et Worms surtout) : le sociologue de la Sorbonne tend à renvoyer tout ce monde à l'enfer du publicisme et du subjectivisme, même s'il daigne à l'occasion gratifier l'un d'entre eux d'une réfutation (c'est le cas de Tarde dans le *Suicide* à propos de l'imitation). C'est plutôt du côté de la psychologie universitaire que Durkheim cherche des alliances. Il faut dire qu'à la différence d'Auguste Comte, auquel il emprunte le geste du fondateur mais aucunement le contenu de la fondation, l'auteur du *Suicide* ne met jamais en cause la légitimité de la psychologie. Il ne conteste les interprétations psychologiques que si elles empiètent sur le territoire propre de la sociologie. C'est ce qui explique la sympathie pour la psychologie expérimentale qui constitue un domaine d'un autre ordre que celui de la sociologie. On le perçoit bien en lisant le rapport qu'il consacre à l'ouvrage de Georges Dumas sur le *Sourire* : loin d'aller au fond des choses, il s'abstient de tout jugement pour se contenter de noter l'importance des observations cliniques et de conclure en signalant une " très bonne monographie de psychologie expérimentale ". On est ici au cœur du *gentlemen's agreement* entre universitaires. Comme Durkheim, Dumas est normalien et philosophe. Proche de Félix Alcan, dont il fera l'éloge funèbre, il est un des animateurs les plus actifs de la nouvelle Université.

Concernant les sciences sociales, Durkheim a donc deux types d'attitude : l'une, explicite, à l'égard des sciences de l'homme reçues à la Sorbonne, de coopération et de complémentarité, qui ne fait jamais référence à la question de l'articulation entre psychologie et sociologie, laquelle est pourtant au cœur de la problématique durkheimienne, mais qui constate leur coexistence dans le nouvelle configuration des savoirs universitaires. Durkheim a pensé cette articulation en divisant très fortement les domaines de la psychologie expérimentale et de la sociologie. Toutefois, la psychologie reste un modèle historique pour le développement de la sociologie. La transformation qui a affecté la psychologie dans le tiers du XIXe siècle, est bien caractérisée par le passage de l'idéologie à la science, et de l'introspection à l'expérimentation : mais le passage à la science ne se limite jamais à la revendication d'un idéal de science (stade où en sont restés Comte et Spencer) mais au passage à la pratique, qui passe par la détermination et le traitement d'une série limitée de faits. C'est pourquoi Durkheim combat la psychologie littéraire et introspective qu'il retrouve dans de nombreux essais dits de psychologie, qui reste la première matière de la philosophie, même dans l'enseignement républicain : Joseph Maxwell fait les frais de la catégorisation durkheimienne en ce qu'on ne trouve pas de psychologie " au sens scientifique du mot ", alors que les " impressions personnelles abondent ". Maxwell est pourtant un disciple de Wundt, et le fondateur de nombreux laboratoires de psychologie aux États-Unis : mais sans doute une partie de sa production, d'idéologie néo-darwinienne, le fait considérer comme un impressionniste. La psychologie scientifique, au contraire, va de soi, et Durkheim se contente de notules descriptives. L'autre attitude, implicite, à propos des sociologies dont il ne partage ni le socle théorique ni l'arsenal méthodologique, consiste à faire majoritairement silence sur ce que Bernard Kalaora et Antoine Savoye appelleront à juste titre le " continent noir " de la sociologie[39].

Le troisième cadre de référence est celui qui est contenu dans la relation de l'universitaire à l'institution. L'analyse de ce rapport, qui n'est pas de soumission, puisque Durkheim collabore de manière active au développement de l'institution en lui fournissant des critères de jugement susceptibles de nourrir ce qu'on appellerait aujourd'hui une politique de la science, montre que ce n'est pas à travers de la notion de production " idéologique ", comme on s'y est trop longtemps cantonné, mais à travers celle d'activisme institutionnel qu'on peut penser à nouveaux frais le rôle public du sociologue universitaire. Si le monde politico-social fournit à Durkheim le contexte problématique de son œuvre, comme le dirait Jean-Claude Chamboredon, c'est à l'intérieur de l'espace universitaire que le sociologue développe ses critères de jugement, d'inclusion et d'exclusion, et qu'il contribue à consolider une nouvelle définition du monde savant, l'organisation de ses objets comme la mise en forme de ses sociabilités. Les rapports édités dans ce volume offrent un éclairage inédit et précieux sur la manière dont Durkheim construit un espace épistémologique d'intérêt public autour de critères méthodologiques tirés de son propre travail qu'il adapte à toutes les situations de lecture, ce qui lui permet de construire un dispositif permettant, sinon de clore l'ère des généralités, du moins de la mettre à la raison.

NOTES

1. Pierre Bourdieu, Jean-Claude Chamboredon et Jean-Claude Passeron, 1968, *Le métier de sociologue. I. Préalables épistémologiques*, Paris, Mouton-La Haye, 432 p. et Jean-Louis Fabiani, 1992, " La sociologie et le principe de réalité ", *Critique*, n° 545, p. 790-801.

2. Émile Durkheim, 1895, *Les Règles de la méthode sociologique*, Paris, Alcan, p. XXII.

3. Ces textes sont destinés aux agrégatifs et sont orientés par une finalité pratique ; il s'agit, à travers la présentation d'un tableau historique, de construire les conditions d'une pédagogie pour l'âge scientifique destinée principalement à de futurs enseignants dans l'ordre des humanités. Pour Durkheim, l'objectif scientifique et les fins pratiques coexistent toujours dans l'effort intellectuel. Si les rapports au CTHS ne peuvent être en aucun cas lus comme des points de vue publics sur l'activité intellectuelle contemporaine, il n'en reste pas moins que la posture de Durkheim est la même dans toutes les formes de sa participation aux institutions de savoir. Tout effort de pensée doit être tendu en direction de l'utilisation de la sociologie dans la société. Construction de la science et construction de la société vont de pair ; mieux, l'une et l'autre sont intriquées et ne prennent sens que dans leur association.

4. Louis Liard travaille en effet de concert avec un autre agrégé de philosophie, Ferdinand Buisson, directeur de l'Enseignement primaire, qui sera professeur de Science de l'éducation à la Sorbonne, avant d'être remplacé à cette chaire par Durkheim lui-même. La question de la définition et de la mise en place effective d'un véritable enseignement républicain passe par la formation du citoyen à l'école primaire. Liard et Durkheim partagent une filiation avec Renouvier, auteur du *Manuel républicain*. C'est à son retour de mission en Allemagne que Liard fera créer pour Durkheim un cours de science sociale à l'Université de Bordeaux, pour une part consacrée à des questions d'éducation.

5. Sur la question du rapport intellectuel avec l'Allemagne, voir l'ouvrage encore actuel de Claude Digeon, 1959, *La Crise allemande de la pensée française*, Paris, Presses universitaires de France, et Christophe Charle (1994).

6. Sur les débuts de la carrière de lecteur de Durkheim, voir particulièrement Giovanni Paoletti, 1992, " Durkheim à l'École normale supérieure : lectures de jeunesse ", *Durkheim Studies/ Études durkheimiennes* (Illinois), vol. IV, Fall, p. 9-21.

7. Émile Durkheim, 1888, " Cours de science sociale. Leçon d'ouverture ", *Revue internationale de l'enseignement*, XV, p. 23-48, republié en 1970 dans *La Science sociale et l'action*, p. 77-110. La citation est p.110.

8. Jean-Michel Berthelot, 1995, *1895, Durkheim. L'avènement de la sociologie scientifique*, Toulouse, Presses universitaires du Mirail, 186 p. La citation est p. 72.

9. Émile Durkheim, 1895, *Les Règles de la méthode sociologique*, Paris, Alcan, p. 144.

10. Émile Durkheim, 1915, " La sociologie " in *Textes. 1. Eléments d'une théorie sociale*, Victor Karady, ed. , Paris, Minuit, 1975, p. 111.

11. *Op. cit.* , p. 161.

12. *Op cit.* , p. 105

13. Pour une analyse plus détaillée de ce point de vue, voir Jean-Louis Fabiani 2001, " La tradition latente. À propos des usages de la philosophie comtienne de la science dans la sociologie française ", *Le Goût de l'enquête. Pour Jean-Claude Passeron*, Paris, L'Harmattan, p. 389-416.

14. Jean-Louis Fabiani, 1988, *Les philosophes de la République*, Paris, Éditions de Minuit, 188 p.p. 59-65.

15. C'est particulièrement le cas de son article de 1895 sur l'enseignement de la philosophie (" L'enseignement philosophique et l'agrégation de philosophie ", *Revue philosophique*, 1895, p. 121-147), qui lui vaudra bien des inimitiés parmi ses collègues. Ce texte fait l'objet d'une analyse dans l'article de Jean-Louis Fabiani, 1985, " Enjeux et usages de la crise dans la philosophie universitaire en France au tournant du siècle ", *Annales ESC*, 40e année, mars-avril, n°2, p. 377-409.

16. Le terme de " travailleur " sera repris par Marc Bloch et Lucien Febvre au moment de la création des *Annales*, et l'on connaît la puissance imagée des " travailleurs de la preuve " dans les univers bachelardien et post-bachelardien.

17. Dimitri Draghicesco, 1907, *Le problème de la conscience. Étude psychosociologique*, Paris, Alcan, p. VII

18. Le terme de " démarcation " peut être discuté. Il ne renvoie pas ici à une analyse de type popperien de la démarcation entre science et non science, autour de la question de la réfutabilité, mais plutôt à une symptomatologie des manières non scientifiques d'écrire sur le monde. Mais il ne saurait être rendu équivalent à la notion bachelardienne de rupture épistémologique et à toutes les formes de " coupure " qui fleuriront dans la rhétorique scientiste de la fin des années soixante en France.

19. *Op. cit.*, p. 12.

20. Roger Chartier, 1992, *L'ordre des livres*, Aix-en-Provence, Alinea, 124 p. La référence se trouve p. 14.

21. Joseph Ben David et Randall C. Collins, 1966, " Social Factors in the Origins of a New Science : The case of Psychology ", *American Sociological Review,* p. 451-465.

22. Voir particulièrement S. H. Steinberg, 1955, *Five Hundred years of Printing*, Londres, Penguin, p. 220 sq.

23. Jean-Alexis Néret, 1953, *Histoire illustrée de la librairie française*, Paris, Lamane.

24. Lucien Lévy-Bruhl, *Hommage à Félix Alcan*, sd, np. [bibliothèque de l'École normale supérieure (Paris, Ulm)]

25. Alcan tend à imposer des conditions très sévères à Durkheim ("Alcan m'offre de continuer à raison de trente-cinq feuillets composés en gros caractères, tout dépassement étant payé par moi à raison de quatre-vingt-dix francs le feuillet", *Lettres à Marcel Mauss, op. cit.*, p. 314. Alcan est également attentif à ce qu'il perçoit comme des excès critiques des comptes rendus : " je reçois une lettre d'Alcan qui se plaint que tu as consacré dans les *Notes* au livre de Murisier. Il le trouve "fait en termes peu convenables". Il ne récrimine pas et me demande même de ne pas te faire connaître son impression, mais exprime simplement le désir que le ton soit différent dans *L'Année*. J'ai jugé préférable de te mettre complètement au courant, car il y a là une indication dont il faut tenir compte " (*op. cit.* p. 299).

26. Sur Le Bon directeur de collection, voir R.A. Nye, 1975, *The Origins of Crowd Psychology, Gustave Le Bon and the Crisis of Mass Democracy in the Third Republic,* Londres, Sage.

27. Voir, J. L. Fabiani, *Les Philosophes de la République, op.cit.*, p. 103-118.

28. C'est ce qui ressort également de l'excellente analyse de Jean-Claude Chamboredon, 1984, " Emile Durkheim. Le social, objet de science. Du moral au politique ? ", *Critique*, n° 445-446, p. 460-532.

29. Talcott Parsons, 1938, *The Structure of Social Action*, New York, Free Press, xii-217 p.

30. *Règles, op.cit.*, p. 25.

31. Steven Lukes, 1973, *Durkheim. His Life and Work. A Critical Study*, New York, Harper and Row, p. 3.

32. J. C. Chamboredon, article cité, p. 473.

33. C'est ce que fait à bon droit également J. M. Berthelot dans l'ouvrage cité plus haut.

34. Voir Jean-Louis Fabiani, 1993, " Métaphysique, morale, sociologie. Durkheim et le retour à la philosophie ", *Revue de métaphysique et de morale*, n° 1-2, p. 175-192. Alphonse Darlu insiste sur " tout ce qu'il y a de force et de beauté dans le grand ouvrage de M. Durkheim" (*Bulletin de la Société française de philosophie*, séance du 4 février 1913, " Le problème religieux et la dualité de la nature humaine ", p. 63-111.

35. Publiés en 1955 simultanément en France et aux Etats-Unis. Cet ouvrage aujourd'hui épuisé mériterait une réédition critique.

36. Émile Durkheim, 1912, *Les Formes élémentaires de la vie religieuse*, Paris, Alcan. La citation se trouve p. 596-597 de l'édition Quadrige, Paris, PUF, 1960.

37. Voir l'article fondamental d'Ann Rawls, 1996, " Durkheim's Epistemology. The Neglected Argument ", *American Journal of Sociology*, vol. 102, n° 2, p. 430-482. Ann Rawls montre que les pragmatistes américains ont vu à tort en Durkheim un idéaliste.

38. Alban Bouvier, 1999, *Philosophie des sciences sociales*, Paris, Presses universitaires de France, p. 88.

39. Bernard Kalaora et Antoine Savoye, 1989, *Les inventeurs oubliés. Le Play et ses continuateurs aux origines des sciences sociales*, Pref. Michel Marié, Seyssel, Éditions Champ Vallon.

BIBLIOGRAPHIE

Sources imprimées

Annuaire et mémoires du Comité d'études historiques et scientifiques de l'Afrique occidentale française, 1917, Gorée, Imprimerie du Gouvernement général.

de Bar, Gaston, s.d., Tables générales des *Bulletins du Comité des Travaux historiques et scientifiques, Tome S, Section des Sciences économiques et sociales* (1883-1915), Paris, Imprimerie nationale, viii-508 p.[1]

Bouglé, Célestin, 1905, analyse de Victor Basch, *L'individualisme anarchiste* (1904). *Max Stirner, L'Année sociologique,* vol. VIII, p. 220-221.

Bouglé, Célestin, 1907, notice bibliographique de Lester Frank Ward, *Sociologie pure* (1906), *L'Année sociologique,* vol. X, p. 186,

Bouglé, Célestin, 1913, analyse de Eugène Dupréel, *Le rapport social* (1912), *L'Année sociologique,* vol. XII, p. 14-19.

Bouglé, Célestin, 1913, analyse de Adolphe Jacques Joseph Wilbois, *Devoir et Durée* (1912), *L'Année sociologique,* vol. XII, p. 322-326.

Bourgin, Hubert, 1930, *De Jaurès à Léon Blum. L'École normale et la politique,* Paris, Arthème Fayard, 520 p.

Bulletins du Comité des Travaux historiques et scientifiques. Section des Sciences économiques et sociales, 1883-1918, Paris, Imprimerie Nationale.

Bulletin de la Société française de philosophie, 1913, " Le problème religieux et la dualité de la nature humaine ", 13e année, séance du 4 février 1913, p. 63-111

Bulletin de la Société française de philosophie, 1914, " Une nouvelle position du problème moral ", 14e année, séance du 2 janvier 1914, p. 1-59.

Bulletin de la Société française de philosophie, 1924, " Les fondements du socialisme ", 19e année, séance du 28 février 1924, p. 1-19.

Durkheim, Émile, 1888, " Cours de science sociale. Leçon d'ouverture ", *Revue internationale de l'enseignement,* tome XV, p. 23-48, republié en 1970 dans Durkheim, Émile, 1970, *La Science sociale et l'action,* Présentation de Jean-Claude Filloux, Paris, Presses Universitaires de France, " Le sociologue ", p. 77-110.

---

1. Les tables de G. de Bar constituent un instrument de recherche utile bien qu'elles ne soient pas complètes.

Bibliographie

Durkheim, Émile, 1895, *Les règles de la méthode sociologique*, Paris, Alcan, rééd. Presses universitaires de France, " Quadrige ", 1981, XXIV-149 p.

Durkheim, Émile, 1904, analyse de Lucien Lévy-Bruhl, *La Morale et la science des mœurs* (1903), *L'Année sociologique*, vol. VII, 1904, p. 380-384.

Durkheim, Émile, 1912, *Les formes élémentaires de la vie religieuse*, Paris, Alcan, Bibliothèque de philosophie contemporaine, " Travaux de l'*Année sociologique* ", 4e éd. Presses universitaires de France, " Quadrige ", 1998, 646 p.

Durkheim, Émile (thèse présentée par), 1913, " Le problème religieux et la dualité de la nature humaine ", *Bulletin de la Société française de philosophie*, 13e année, séance du 4 février 1913, p. 63-111, repris in *Textes*, II, p. 23-59.

Durkheim, Émile, 1915 : " La sociologie ", extrait de *La science française*, Larousse et Ministère de l'Instruction publique et des Beaux-arts, vol. 1, p. 5-14, in *Textes*, I. *Éléments d'une théorie sociale*, Victor Karady (dir.), Paris, Minuit, 1975, p. 109-118.

Durkheim, Émile, 1969, *Journal sociologique,* Introduction et notes de Jean Duvignaud, Paris, Presses universitaires de France, " Bibliothèque de philosophie contemporaine ", 728 p.

Durkheim, Émile, 1970, *La science sociale et l'action*, Présentation de Jean-Claude Filloux, Paris, Presses universitaires de France, " Le sociologue ", 334 p.

Durkheim, Émile, 1975, *Textes*, 1. *Éléments d'une théorie sociale,* Victor Karady (dir.), Paris, Minuit, " Le sens commun ", 509 p. Index.

Durkheim, Émile, 1998, *Lettres à Marcel Mauss,* présentées par Philippe Besnard et Marcel Fournier, Paris, Presses universitaires de France, " Sociologies ", X-593 p.

Durkheim, Émile, 1922, *Éducation et sociologie*, Introd. Paul Fauconnet " L'œuvre pédagogique de Durkheim ", Paris, Félix Alcan, " Bibliothèque de philosophie contemporaine ", 160 p.

Gernet, Louis, 1906, note critique de Lester Frank Ward, *Sociologie pure* (1906), *Notes critiques – Sciences sociales,* 7e année, n° 54 (nouvelle série), avril, notice 483, p. 97-100.

Herr, Lucien, 1901, note critique n° 846 sur " *L'Année sociologique* ", *Notes critiques – Sciences sociales*, 2e année, n° 5, 25 mai, p. 129-131

Herr, Lucien, 1902, note critiques n° 1281; " *L'Année sociologique* ", *Notes critiques – Sciences sociales,* 3e année, n° 18 (nouvelle série), octobre, p. 225-226.

Bibliographie

Mauss, Marcel, 1902, analyse de E. Murisier, *Les maladies du sentiment religieux* (Paris, 1901), *L'Année sociologique*, vol. V, p. 197-199.

Mauss, Marcel, 1902, analyse de A. Borchert, *Der Animismus oder Ursprung und Entwicklung der Religion aus dem Seelen-, Ahnen- und Geisterkult* (Fribourg, 1900), *L'Année sociologique*, vol. V, p. 200-203.

Mauss, Marcel, 1904, analyse collective : William James, *The Varieties of Religious Experience* (1902), Th. Flournoy, *Les variétés de l'expérience religieuse,* etc. (*Revue philosophique*, sept. 1902), H. Delacroix., *Les variétés de l'expérience religieuse*, (*Revue de métaphysique et de morale*, 1903), H. Leuba, *Les tendances religieuses chez les mystiques chrétiens*, (*Revue philosophique*, 1902), E. Boutroux, *La psychologie du mysticisme,* (*Bulletin de l'Institut Psychologique*, 1902), *L'Année sociologique*, vol. VII, p. 204-212.

Milhaud, Edgard, 1904, note critique de Eugenio Rignano, *Un socialisme en harmonie avec la doctrine économique libérale* (1904)*, Notes critiques – Sciences sociales*, 5e année, n° 31 (nouvelle série), janvier, notice 152, p. 31-33.

Parodi, Dominique, 1904, analyse de Lester F. Ward, *Pure Sociology* (1903), *L'Année sociologique*, vol. VII, p. 166-169.

Renouvier, Charles, 1903, *Le personnalisme, suivi d'une étude sur la perception externe et sur la force*, Paris, Alcan, viii-537 p.

Reynier, Jean, 1904, note critique de Victor Basch, *L'individualisme anarchiste. Max Stirner* (1904), *Notes Critiques – Sciences sociales*, n° 37 (nouvelle série), juillet, notice 1106, p. 231-233.

Simiand, François, 1903, note critique de Lucien Lévy-Bruhl, *La Morale et la science des mœurs* (1903), *Notes critiques – Sciences sociales,* 4e année, n° 26 (nouvelle série), juin, notice 166, p. 165-166.

Simiand, François, 1905, analyse de Eugenio Rignano, *Un socialisme en harmonie avec la doctrine économique libérale* (1904)*, L'Année sociologique,* vol. VIII, p. 536-537.

Wilbois, Joseph (thèse présentée par), 1914, " Une nouvelle position du problème moral ". Présents à la séance : MM. Bouglé, Brunschvicg, Couturat, Cresson, Darlu, Dufumier, Dunan, Durkheim, Guy-Grand, Halévy, Hémon, Lalande, X. Léon, Meyerson, Parodi, Roustan, Ruyssen, L. Weber et Winter, in *Bulletin de la Société française de philosophie*, 14e année, séance du 2 janvier 1914, p. 1-59.

Bibliographie

Autres références

Aftalion, Albert (thèse présentée par), 1924, " Les fondements du socialisme ". Présents à la séance : MM. X. Léon, E. Halévy, Mauss, Landry, Belot, Rodrigues, Parodi, Lenoir, *Bulletin de la Société française de philosophie*, 19ᵉ année, séance du 28 février 1924, p. 1-19.

Andrews, Howard, s.d. *Research Guides to* L'Année sociologique *1898-1913*, vol. 1 [index des auteurs étudiés dans *L'Année*], Erindale College, University of Toronto, multigr. 647 p.

Antoine, Marie-Élisabeth et Olivier, Suzanne, 1975-1981, *Inventaire des papiers de la division des sciences et lettre du Ministère de l'Instruction publique et des services qui en sont issue*, Travaux historiques et scientifiques, Archives nationales, tome 1, 374 p. et tome II, 971 p.

Antoine, Marie-Élisabeth, 1977, " Un service pionnier au XIXᵉ siècle : le Bureau des Travaux Historiques ", *Bulletin de la section d'histoire moderne et contemporaine. Orientations de recherche*, Fascicule 10, Paris, Bibliothèque nationale, p. 5-72.

Ben David, Joseph et Collins, Randall C., 1966, " Social Factors in the Origins of a New Science : The case of Psychology ", *American Sociological Review,* vol. 31, n° 4, August, p. 451-465.

Berthelot, Jean-Michel, 1995, *1895, Durkheim. L'avènement de la sociologie scientifique*, Toulouse, Presses universitaires du Mirail, 186 p.

Besnard, Philippe, 1979, " La formation de l'équipe de l'*Année sociologique* ", *Revue française de sociologie*, vol. XX, n° 1, janv.-mars, p. 7-31.

Bourdieu, Pierre, Chamboredon, Jean-Claude et Passeron, Jean-Claude, 1968*, Le Métier de sociologue. I. Préalables épistémologiques*, Paris, Mouton-La Haye, 432 p. Bibliogr. Index.

Bouvier, Alban, 1999, *Philosophie des sciences sociales : un point de vue argumentative en sciences sociales*, Paris, Presses universitaires de France, XI-258 p.

Bréhier, Émile, 1950, Transformation de la philosophie française, Paris, Flammarion, " Bibliothèque de philosophie scientifique ", 254 p.

Chamboredon, Jean-Claude, 1984, " Émile Durkheim. Le social, objet de science. Du moral au politique ? ", *Critique*, tome XL, n° 445-446, p. 460-532.

Charle, Christophe, 1994, *La République des universitaires 1870-1940*, Paris, Éd. du Seuil, 505 p. Bibliogr. Index.

Chartier, Roger, 1992, *L'ordre des livres : lecteurs, auteurs, bibliothèques en Europe entre XIVᵉ et XVIIIᵉ siècle*, Aix-en-Provence, Alinéa, 124 p.

Bibliographie

Davy, Georges, 1919, " Émile Durkheim : I. l'homme ", *Revue de métaphysique et de morale*, t. XXVI, n° 2, mars-avr. p. 180-198.

Delmas, Corinne, janvier 2000, *Les rapports du savoir et du pouvoir : l'Académie des sciences morales et politiques de 1832 à 1914*, Paris, Université de Paris, IX - Dauphine, thèse de science politique, multigr., 2 vol. Bibliogr.

Digeon, Claude, 1959, *La Crise allemande de la pensée française*, Paris, Presses universitaires de France, VIII-568 p. Index.

École des hautes études sociales, 1909, *Le Droit de grève*, leçons professées par MM. Ch. Gide, H. Berthélemy, P. Bureau, A. Keufer, C. Perreau, Ch. Picquenard, A. E. Sayous, F. Fagnot, E. Vandervelde, Paris, F. Alcan, " Bibliothèque générale des sciences sociales ", x-270 p.

Fabiani, Jean-Louis, 1985, " Enjeux et usages de la crise dans la philosophie universitaire en France au tournant du siècle ", *Annales ESC*, 40e année, mars-avril, n°2, p. 377-409.

Fabiani, Jean-Louis, 1988, *Les Philosophes de la République*, Paris, Minuit, 188 p.

Fabiani, Jean-Louis, 1992, " La sociologie et le principe de réalité ", *Critique*, octobre, n° 545, p. 790-801.

Fabiani, Jean-Louis, 1993, " Métaphysique, morale, sociologie. Durkheim et le retour à la philosophie ", *Revue de métaphysique et de morale*, n° 1-2, p. 175-192

Fabiani, Jean-Louis, 2001, " La tradition latente. A propos des usages de la philosophie comtienne de la science dans la sociologie française ", *Le Goût de l'enquête. Pour Jean-Claude Passeron*, Paris, L'Harmattan, p. 389-416.

Geiger, Roger L., 1981, " René Worms, l'organicisme et l'organisation de la sociologie ", *Revue française de sociologie*, vol. XXII, n° 3, p. 345-360.

Giddens, Anthony, 1970 , " Durkheim as a Review Critic ", *The Sociological Review,* vol. XVIII, n° 2, juill., p. 171-196.

Grand Dictionnaire universel du XIXe siècle, 1874, Paris, Pierre Larousse, tome II.

Habermas, Jürgen, 1992, *L'espace public : archéologie de la publicité comme dimension de la société bourgeoise* [Strukturwandel der öffentlichkeit], avec une préf. inédite de l'auteur, trad. de l'allemand par Marc B. de Launay, Paris, Payot, " Critique de la politique ", xxxv-324 p. Bibliogr. Index.

Karady, Victor, 1976, " Durkheim, les sciences sociales et l'Université : bilan d'un semi-échec ", *Revue française de sociologie*, vol. XVII, n° 2, avril-juin, p. 267-311.

Lalande, André, 1902-1923, *Vocabulaire technique et critique de la philosophie,* avant-propos de René Poirier, Paris, Presses universitaires de France, " Quadrige ", 1991, 2 vol., XXIV-1323 p.

Lévy-Bruhl, s.d., *Hommage à Félix Alcan,* s.p.

Leyret, Henry, 1913, *Le Président de la République, son rôle, ses droits, ses devoirs,* Paris, A. Colin, XVI-282 p.

Littré, Émile, 1890, *Dictionnaire de la langue française,* 4 tomes, Chicago, Encyclopaedia Brittanica, 1982, 1404 p. 3320 p. 5110 p. et 6810 p.

Lukes, Steven, 1973, *Emile Durkheim, His Life and Work : A Historical and Critical Study,* London, Allen Lane, 676 p. Index. Bibliogr.

Mergy, Jennifer, 1998, " On Durkheim and *Notes Critiques* ", *Études durkheimiennes* (Oxford), n. s. vol. 4, p. 1-7.

Mergy, Jennifer, 2001, *Nations et nationalismes : Durkheim et les durkheimiens. De la question de l'Alsace-Lorraine à la Société des Nations,* Paris, Université de Paris IX – Dauphine, thèse de science politique, multigr., 2 vol. Index. Bibliogr.

Müller, Bertrand, 1993, " Critique bibliographique et stratégie disciplinaire dans la sociologie durkheimienne " , *Regards sociologiques,* 5, p. 9-23.

Néret, Jean-Alexis, 1953, *Histoire illustrée de la librairie et du livre français des origines à nos jours,* Paris, Lamane, 396 p.

Nye, Robert A., 1975 *The Origins of Crowd Psychology, Gustave Le Bon and the Crisis of Mass Democracy in the Third Republic,* Londres, Sage, " Sage Studies in 20th Century History ", vol. 2, 225 p. Bibliogr.

Oldenberg, Hermann, 1894, *Le Bouddha, sa vie, sa doctrine, sa communauté* (1881), traduite d'après la 2e édition par Alfred Foucher, est publié avec une préface de Sylvain Lévi, Paris, Alcan, VII-392 p.

Paoletti, Giovanni, 1992, " Durkheim à l'École normale supérieure : lectures de jeunesse ", *Durkheim Studies/Études durkheimiennes* (Illinois), vol. IV, Fall, p. 9-21.

Parkin, Robert, 1996, *The Dark Side of Humanity : the Work of Robert Hertz and his Legacy,* Amsterdam, Harwood Academic Publications, xi-226 p.

Parsons, Talcott, 1937, *The Structure of Social Action : A Study in Social Theory with Special Reference to a Groupe of Recent European Writers,* New York, McGraw-Hill, xii-817 p.

Prochasson, Christophe, 1985, " Sur l'environnement intellectuel de Georges Sorel : l'École des hautes études sociales ", *Cahiers Georges Sorel,* 3, p. 16-38.

Rawls, Ann Warfield, 1996, " Durkheim's Epistemology. The Neglected Argument ", *American Journal of Sociology,* vol. 102, n° 2, September, p. 430-482.

Bibliographie

Savoye, Antoine, 1999, " Les paroles et les actes : les dirigeants de la Société d'économie sociale 1883-1914 ", *in* Ch. Topalov (dir.), *Laboratoires du nouveau siècle. La nébuleuse réformatrice et ses réseaux en France, 1880-1914*, Éd. de l'École des hautes études en sciences sociales, p. 61-94.

Schweber, Libby, 1997, " L'échec de la démographie en France au XIXe siècle ", *Genèses*, 29, p. 5-28.

Steinberg, Sigfried Henry, 1955, *Five Hundred years of Printing*, Harmondsworth, Middlesex, Penguin, 277 p. Bibliogr. Index.

Tesnière, Valérie, 2001, *Le Quadrige. Un siècle d'édition universitaire 1860-1968,* Paris, Presses universitaires de France, 492, Bibliogr. Index.

Topalov, Christian (dir.), 1999, *Laboratoires du nouveau siècle : la nébuleuse réformatrice et ses réseaux en France,1880-1914*, Paris, Éd. de l'École des hautes études en sciences sociales, " Civilisations et société ", 574 p., Bibliogr. Index.

Trésor de la langue française. Dictionnaire de la langue du XIXe et du XXe siècle, 1980, tome 8, Paris, CNRS, 1364 p.

Bibliographie des rapports et des comptes rendus

Baldwin, James Mark, *Psychologie et sociologie. L'individu et la société*, trad. de *The Individual and Society, or Psychology and Sociology* (1910) par Pierre Lanux de Combret, Paris, V. Giard et E. Brière, " Bibliothèque sociologique internationale ", 1910, 1 vol. in-18°, 114 p.

Baldwin, James Mark, *Le darwinisme dans les sciences morales*, trad. de la 2e édition de *Darwin and the Humanities* (1909) par Guillaume L. Duprat, Paris, Félix Alcan, " Bibliothèque de philosophie contemporaine ", 1911, 1 vol. in-16°, VII-168 p.

Basch, Victor, *L'individualisme anarchiste. Max Stirner*, Paris, Félix Alcan, " Bibliothèque générale de sciences sociales ", 1904, 1 vol. in-8°, VI-288 p.

Berry, Georges, et Berry, Jean, *Le vagabondage et la mendicité en Russie, en Allemagne, en Hollande, en Belgique, dans les États Scandinaves et dans le canton de Berne*, Paris, Eugène Figuière, " Bibliothèque parlementaire ", 1 vol. in-16°, s.d. [1914], 100 p.

Berthelot, René, *Un romantisme utilitaire, étude sur le mouvement pragmatiste*, Vol. 1, *Le Pragmatisme chez Nietzsche et Poincaré*, Paris, Félix Alcan, " Bibliothèque de philosophie contemporaine ", 1911, 1 vol. in-8°, 416 p.

Bibliographie

Bohn, Georges, *La naissance de l'Intelligence*, Paris, Ernest Flammarion, " Bibliothèque de philosophie scientifique ", 1909, 1 vol. in-18°, 416 p.

Bohn, Georges, *La nouvelle psychologie animale*, Paris, Félix Alcan, " Bibliothèque de philosophie contemporaine ", 1911, 1 vol. in-18°, 200 p.

Chachoin, Louis, *Les Religions. Histoire. Dogmes. Critiques*, Paris, Paul Geuthner, 1910, 1 vol. in-8°, 664 p.

Cochin, Denys, *Descartes*, Paris, Félix Alcan, " Les Grands philosophes ", 1913, 1 vol. in-8°, 281 p.

Cyon, Élie de, *Dieu et science. Essai de psychologie en sciences*, Paris, Félix Alcan, " Bibliothèque de philosophie contemporaine ", 1912, XII-487 p.

David-Neel, Alexandra, *Le modernisme bouddhique et le bouddhisme du Bouddha,* Paris, Félix Alcan, " Bibliothèque de philosophie contemporaine ", 1911, 1 vol. in-8°, 280 p.

Draghicesco, Dimitri, *Le problème de la conscience. Étude psycho-sociologique,* Paris, Félix Alcan, " Bibliothèque de philosophie contemporaine ", 1907, 1 vol. in-8°, IX-224 p.

Dromard, Gabriel, *Les mensonges de la vie intérieure*, Paris, Félix Alcan, " Bibliothèque de philosophie contemporaine ", 1910, 1 vol. in-16°, II-184 p.

Dubuisson, Alfred, *Positivisme intégral. Foi, Morale, Politique d'après les dernières conceptions d'Auguste Comte,* Avant-propos Eugène Fournière, Paris, Georges Crès, Librairie ancienne et moderne, " Bibliothèque d'études positivistes ", 1910, 1 vol. in-8°, VIII-352 p.

Dugas, Ludovic, *L'absolu, forme pathologique et normale de sentiments. L'entêtement, le fanatisme, l'ascétisme, la pudeur*, Paris, Félix Alcan, 1904, 1 vol. in-16°, 181 p.

Dugas, Ludovic, *L'éducation du caractère*, Paris, Félix Alcan, " Bibliothèque de philosophie contemporaine ", 1912, 1 vol. in-8°, XI-258 p.

Dugas, Ludovic, *Penseurs libres et liberté de pensée (Montaigne, Descartes, Stuart Mill, Edmund Gosse ; dissolution de la foi, protestantisme et libre pensée)*, Paris, Félix Alcan, " Bibliothèque de philosophie contemporaine ", s.d. [1914], 1 vol. in-8°, VI-187 p.

Dumas, Georges, *Le sourire, psychologie et physiologie. Travaux du laboratoire de psychologie de l'Asile Sainte-Anne*, Paris, Félix Alcan, " Bibliothèque de philosophie contemporaine ", 1906, 1 vol. in-16°, 167 p.

Bibliographie

Dupréel, Eugène, *Le Rapport social. Essai sur l'objet et la méthode de la sociologie*, Paris, Félix Alcan, 1912, 1 vol. in-8°, IV-304 p.

Grasserie, Raoul Guérin de la, *De la Cosmosociologie*, Paris, V. Giard et E. Brière, " Bibliothèque sociologique internationale ", 1913, 1 vol. in-18°, 171 p.

Hachet-Souplet, Pierre, *La genèse des instincts, étude expérimentale*, Paris, Ernest Flammarion, " Bibliothèque de philosophie scientifique ", 1912, 1 vol. in -18°, 327 p.

Häckel, Ernst, *Religion et évolution. Trois conférences faites à Berlin, les 14, 16, et 19 avril 1906* [sic], trad. de *Der Kampf um den Entwickelungsgedanken* (1905) par Camille Bos, Paris, Schleicher Frères, 1907, 1 vol. in -18°, V-136 p.

Hébert, Marcel, *L'évolution de la foi catholique*, Paris, Félix Alcan, " Bibliothèque de philosophie contemporaine ", 1905, 1 vol. in-8°, 257 p.

Hébert, Marcel, *Le Divin. Expériences et hypothèses. Études psychologiques*, Paris, Félix Alcan, " Bibliothèque de philosophie contemporaine ", 1907, 1 vol. in-8°, 316 p.

James, William, *L'expérience religieuse. Essai de psychologie descriptive*, trad. avec autorisation de l'auteur de *The Varieties of Religious Experience. A Study in Human Nature, being the Gifford Lectures on Natural Religion delivered at Edinburgh in 1901-1902* (1902) par Frank Abauzit, Préf. Émile Boutroux, Paris/Genève, Félix Alcan/Henry Kündig, 1906, 1 vol. in-8°, XXIV-449 p.

Lachelier, Jules, *Études sur le syllogisme, suivies de l'Observation de Platner et d'une note sur le "Philèbe"*, Paris, Félix Alcan, 1907, 1 vol. in-18°, 163 p.

Le Dantec, Félix, *Le chaos et l'harmonie universelle*, Paris, Félix Alcan, " Bibliothèque de philosophie contemporaine ", 1911, 1 vol. in-16°, 195 p.

Lévy-Bruhl, Lucien, *La morale et la science des mœurs*, Paris, Félix Alcan, " Bibliothèque de philosophie contemporaine ", 1903, 1 vol. in-8°, 300 p.

Lodge, Oliver Joseph Sir, *La survivance humaine. Étude de facultés non encore reconnues*, trad. *The Survival of Man. A Study in Unrecognised Human Faculty* (1909) par H[enri] Bourbon, Préf. Joseph Maxwell, Paris, Félix Alcan, 1912, 1 vol. in-8°, II-267 p.

Maxwell, Joseph, *Psychologie sociale contemporaine*, Paris, Félix Alcan, 1911,1 vol. in-8°, VII-363 p.

Michels, Roberto, *Amour et chasteté. Essais sociologiques*, trad. de *Limiti della morale sessuale. Prolegomena : indagini e pensieri* (1912) par Mario Galanti, Paris, V. Giard et E. Brière, 1913, 1 vol. in-8°, 256 p.

Bibliographie

Paracelse, *Œuvres complètes de Philippe Aureolus Théophraste Bombast de Hohenheim, dit Paracelse*, tome premier, trad. du latin et collationnées sur les éditions allemandes par Grillot de GIVRY, Paris, Bibliothèque Chacornac, " Liber paramirum " (Les classiques de l'occulte), 1913-1914, 2 tomes, XIV-314 p. et 338 p.

Pascaud, Henry, *Les monopoles d'État et leurs conséquences économiques*, Extrait de la *Revue critique de législation et de jurisprudence*, Paris, F. Pichon, in-8°, 36 p.

Paulhan, Frédéric, *La fonction de la mémoire et le souvenir affectif*, Paris, Félix Alcan, " Bibliothèque de philosophie contemporaine ", 1904, 1 vol. In-16, 177 p.

Paulhan, Frédéric, *La morale de l'ironie*, Paris, Félix Alcan, " Bibliothèque de philosophie contemporaine ", 1909, 1 vol. in-16°, 271 p.

Peladan, Joséphin, *La philosophie de Léonard de Vinci d'après ses manuscrits*, Paris, Félix Alcan, 1910, 1 vol. in-16°, XVI-192 p.

Prat, Louis, *Le caractère empirique de la personne. Du rôle de la volonté en psychologie et en morale*, Paris, Félix Alcan, " Bibliothèque de philosophie contemporaine ", 1906, 1 vol. in-8°, 452 p.

Regnault, Félix, *La genèse des miracles*, Paris, V. Giard et E. Brière, 1910, 1 vol. in-8°, 323 p.

Rémond, Antoine, Voivenel, Paul, *Le génie littéraire*, Paris, Félix Alcan, " Bibliothèque de philosophie contemporaine ", 1912, 1 vol. in-8°, 304 p.

Renard, Georges François, *Discussions sociales d'hier et de demain*, Paris, Librairie scientifique et philosophique, " Bibliothèque de psychologie sociale ", s.d. [1875-1909], 1 vol. in-8°, 280 p.

Richard, Gaston, *La question sociale et le mouvement philosophique au XIXe siècle*, Paris, Armand Colin, " Le Mouvement social contemporain ", 1914, 1 vol. in-16°, XII-363 p.

Ribot, Théodule, *Essai sur les passions*, Paris, Félix Alcan, " Bibliothèque philosophique contemporaine ", 1907, 1 vol. in-8°, VII-192 p.

Ribot, Théodule, *La vie inconsciente et les mouvements*, Paris, Félix Alcan, " Bibliothèque de philosophie contemporaine ", 1914, 1 vol. in-18°, III-172 p.

Rignano, Eugenio, *Un socialisme en harmonie avec la doctrine économique libérale*, trad. de *Di un socialismo in accordo colla dottrina economica liberale* (1901), Paris, V. Giard et E. Brière, " Bibliothèque sociologique internationale ", 1904, 1 vol. in-8°, VII-390 p.

Rodrigues, Gustave, *Le problème de l'action. La pratique morale*, Paris, Félix Alcan, " Bibliothèque de philosophie contemporaine ", 1909, 1 vol. in-8°, IV-203 p.

Bibliographie

Schinz, Albert, *Anti-pragmatisme, examen des droits respectifs de l'aristocratie intellectuelle et de la démocratie sociale*, Paris, Félix Alcan, 1909, 1 vol. in-8°, 310 p.

Schopenhauer, Arthur, " *Parerga* " et " *Paralipomena* ". *Essai sur les apparitions et opuscules divers*, trad. de *Parerga und Paralipomena : kleine philosophische Schriften* (1851) par Auguste Dietrich, Paris, Félix Alcan, " Bibliothèque de philosophie contemporaine ", 1912, 1 vol. in-16°, 203 p.

Simmel, Georg, *Mélanges de philosophie relativiste. Contribution à la culture philosophique,* trad. de l'allemand par Mlle A. Guillain, Paris, Félix Alcan, 1912, 1 vol. in 8°, VI-268 p.

Spencer, Herbert, *Faits et commentaires,* trad. de l'anglais par Auguste Dietrich, Paris, Hachette, 1903, 1 vol. in-16°, VI-352 p.

Spencer, Herbert, *Une autobiographie*, trad. et adaptation de *An Autobiography* (1904) par Henri Varigny, Julie de Mestral Combrement et Mlle G. Crosnier de Varigny, Paris, Félix Alcan, " Bibliothèque de philosophie contemporaine ", 1907, 1 vol. in-8°, III-550 p.

Stein, Ludwig, *Le sens de l'existence excursions d'un optimiste dans la philosophie contemporaine*, trad. de *Der Sinn des Daseins. Streifzüge eines Optimisten durch die Philosophie der Gegenwart* (1904) par Albert Chazaud des Granges, Paris, V. Giard et E. Brière, " Bibliothèque sociologique internationale ", 1909, 1 vol. in-8°, XII-535 p.

Szerer, Mieczyslaw, *La conception sociologique de la peine*, trad. du polonais par Maurice Duval, Paris, V. Giard et E. Brière, " Bibliothèque sociologique internationale ", 1914, 1 vol. in-8°, 207 p.

Vaschide, Nicolas, Meunier, Raymond, *La pathologie de l'attention*, Paris, Bloud et Cie, " Bibliothèque de psychologie expérimentale et de métapsychie ", 1 vol. in -16°, IV-99 p.

Wahl, Paul Lucien, *Le crime devant la science*, Paris, V. Giard et E. Brière, " Encyclopédie internationale d'assistance, prévoyance, hygiène sociale et démographie : Démographie II ", 1910, 1 vol. in 4°, 316 p.

Ward, Lester, V. Frank, *Sociologie pure,* trad. de *Pure sociology; a treatise on the origin and spontaneous development of society* (1903) par Fernand Weil, Paris, V. Giard et E. Brière, " Bibliothèque sociologique internationale ", 1906, 2 vol. in-8°, 345 p. et 381 p.

Wilbois, Adolphe Jacques Joseph, *Devoir et durée. Essai de morale sociale,* Paris, Félix Alcan, " Bibliothèque de philosophie contemporaine ", 1912, 1 vol. in-8°, 408 p.

INDEX DES RAPPORTS

BALDWIN, J., 84-85, 86
BASCH, V., 110-111
BERRY, G. et BERRY, J., 98-99
BERTHELOT, R., 122-123
BOHN, G., 74-75, 124-125
CHACHOIN, L., 81
COCHIN, D., 90-91
CYON, É., 131-132
DAVID-NEEL, A., 95
DRAGHICESCO, D., 62
DROMARD, G., 78
DUBUISSON, A., 104-105
DUGAS, L., 56-57, 120-121, 141-142
DUMAS, G., 114-115
DUPRÉEL, E., 126-127
DURKHEIM, É., 147, 148, 149, 150
GRASSERIE, R., 89
HACHET-SOUPLET, P., 137-138
HÄCKEL, E., 63
HÉBERT, M., 58-59, 64-65
JAMES, W., 112-113
LACHELIER, J., 119
LE DANTEC, F., 133-134
LÉVY-BRUHL, L., 107-109
LODGE, O., 88

MAXWELL, J., 87
MICHELS, R., 100-101
PARACELSE., 92
PASCAUD, H., 143
PAULHAN, F., 66-68, 144-145
PELADAN, J., 76
PRAT, L., 61
REGNAULT, F., 79
RÉMOND, A. et VOIVENEL, P., 93-94
RENARD, G., 80
RIBOT, T., 117-118, 139-140
RICHARD, G., 96-97
RIGNANO, E., 54-55
RODRIGUES, G., 72-73
SCHINZ, A., 69-70
SCHOPENHAUER, A., 128
SIMMEL, G., 135-136
SPENCER, H., 53, 116
STEIN, L., 71
SZERER, M., 102-103
VASCHIDE, N. et MEUNIER, R., 77
WAHL, P., 82-83
WARD, L., 60
WILBOIS, A., 129-130

INDEX DES AUTEURS

Note : Les noms marqués par un astérisque figurent sans prénoms dans le *Bulletin de la Société française de philosophie* (1914), n°s 1 et 7 et dans *Le droit de grève* (1909)

ABAUZIT, FRANK, 112
AFTALION, ALBERT, 43
ALCAN, FÉLIX, 19, 25, 26, 45, 161, 170, 171, 172, 173, 183, 188
ANTOINE, MARIE-ELIZABETH, 33
AUBIN, ABEL, 60, 86, 110, 126, 129
AUCOC, LÉON, 33, 35
AUDIFFRENT, GEORGES, 104
AULARD, ALPHONSE, 4, 5, 9, 14, 15
BACIOCCHI, STÉPHANE, 151, 158, 177
BAILLÈRE, HENRI, 170
BALDWIN, JAMES MARK, 18, 28, 47, 84, 86, 159
BAR, GASTON DE, 10
BASCH, VICTOR, 18, 45, 47, 110
BAUDRILLART, HENRI JOSÉPH LÉON, 33
BEAULAVON, GEORGES*, 74
BELOT, GUSTAVE, 193
BEN DAVID, JOSEPH, 168, 187
BERGSON, HENRI, 129, 172
BERNSTEIN, ÉDOUARD, 96
BERRY, GEORGES, 46, 98
BERRY, JEAN, 46, 98
BERTHÉLEMY, H*, 41
BERTHELOT, JEAN-MICHEL, 157, 186, 189
BERTHELOT, MARCELIN, 164
BERTHELOT, RENÉ, 28, 46, 122, 123, 164, 179, 180
BERTHOD, AIMÉ, 40
BESNARD, PHILIPPE, 42, 44, 47, 151
BIENAYMÉ, GUSTAVE, 35
BINET, ALFRED, 172, 178

BIRAN, MAINE DE (MARIE FRANÇOIS PIERRE GONTIER DE BIRAN, DIT), 168
BLOCH, CAMILLE, 14
BLOCH, MARC, 187
BOHN, GEORGES, 24, 46, 47, 74, 124, 125, 173
BONALD, LOUIS DE, 96
BORCHERT, A., 44
BOS, CAMILLE, 63
BOUDDHA, 30, 47, 95
BOUGLÉ, CÉLESTIN, 18, 60, 62, 86, 107, 110, 126, 129, 177
BOURDIEU, PIERRE, 153, 185
BOURBON, H[ENRI], 88
BOURGIN, GEORGES, 54
BOURGIN, HUBERT, 43, 54
BOUTMY, ÉMILE, 33, 35
BOUTROUX, ÉMILE, 112, 172, 178
BOUVIER, ALBAN, 181, 189
BRÉHIER, ÉMILE, 175
BRUNSCHVICG, LÉON, 74, 129, 177
BUISSON, FERDINAND, 13, 14, 35, 150, 185
BUREAU, PAUL, 41
CAGNAT, RENÉ, 3
CHACHOIN, LOUIS, 81, 167
CHARTON, ÉDOUARD, 33
CHAMBOREDON, JEAN-CLAUDE, 153, 177, 184, 185, 188, 189
CHARLE, CHRISTOPHE, 186
CHARTIER, ROGER, 166, 187
CHAUMIÉ, JOSEPH , 35
CHERVIN, ARTHUR, 5, 6, 11, 35, 37

Index des auteurs

CHEYSSON, ÉMILE, 3, 5, 6, 9, 10, 38, 39
CILLEULS, ALFRED DES, 5, 9, 14, 15, 16, 39
COCHIN, DENYS, 46, 47, 90, 163, 166
COLLINS, RANDALL C., 168, 187
COHEN, HERMANN, 96
COMTE, AUGUSTE, 29, 89, 96, 97, 104, 105, 159, 160, 162, 165, 168, 182, 183
COURCELLE-SENEUIL, JEAN GUSTAVE, 33
COUTURAT, LOUIS, 128, 178
CROSNIER DE VARIGNY, G, 116
CRESSON, ANDRÉ*, 74, 129
CYON, ÉLIE DE, 47, 131, 132, 165
DARLU, ALPHONSE, 35, 42, 129, 177, 189
DARWIN, CHARLES, 64, 84, 85
DAVID-NEEL, ALEXANDRA, 29, 30, 95, 172
DAVY, GEORGES, 34
DELACROIX, HENRI, 113, 179
DELBOS, VICTOR, 74
DELMAS, CORINNE, 33
DESCARTES, RENÉ, 90, 141, 163
DIGEON, CLAUDE, 186
DIETRICH, AUGUSTE, 53, 128
DRAGHICESCO, DIMITRI, 18, 47, 62, 161, 162, 172, 187
DROMARD, GABRIEL, 45, 46, 78, 163
DUBUISSON, ALFRED, 29, 104, 105, 159, 165
DUCROCQ, THÉOPHILE, 35
DUFUMIER*, 129
DUGAS, LUDOVIC, 46, 56, 120, 121, 141, 163, 164, 178
DUMAS, GEORGES, 114, 173, 183

DUNAN, CHARLES, 74, 129
DUPRAT, GUILLAUME, 84
DUPRÉEL, EUGÈNE, 18, 126, 163, 178
DUVAL, MAURICE, 102
ESMEIN, ADHÉMAR, 9, 35
ESPINAS, ALFRED, 47
FABIANI, JEAN-LOUIS, 185, 186, 187, 188, 189
FAGNOT, FRANÇOIS, 41
FAUCONNET, PAUL, 107, 150
FEBVRE, LUCIEN, 187
FERRY, JULES, 2
FICHTE, JOHANN GOTTLIEB, 96
FLACH, JACQUES, 35
FLAMMARION, 24, 171, 172, 173
FOURNIER, MARCEL, 44, 47, 151
FOURNIER, PAUL, 10
FOURNIÈRE, EUGÈNE, 104
FLOURNOY, THÉODORE, 112
FOVILLE, ALBERT DE, 13, 14, 15, 33, 35, 149
FRÉVILLE, GEORGES, 40
GALANTI, MARIO, 100
GEIGER, ROGER L., 38
GERNET, LOUIS, 18, 60
GIARD, V., 24, 75
GIDDENS, ANTHONY, 17, 42
GIDE, CHARLES, 41
GLASSON, ERNEST, 33, 35, 38
GOSSE, EDMUND WILLIAM, 141
GRANGES, ALBERT CHAZAUD DES, 71
GRASSERIE, RAOUL GUÉRIN DE LA, 47, 89, 163
GRÉARD, OCTAVE, 5, 12, 30, 33, 147
GRILLOT DE GIVRY, ÉMILE JULES, 92
GUILLAIN, A., 135
GUIZOT, FRANÇOIS, 1

Index des auteurs

GUMPLOWICZ, LUDWIG, 156
GUY-GRAND, GEORGES, 74, 129
HABERMAS, JÜRGEN, 45
HACHET-SOUPLET, PIERRE, 24, 137, 163, 173
HACHETTE, LOUIS, 170
HÄCKEL, ERNST, 29, 45, 63
HALÉVY, ÉLIE, 129, 177
HALLS, WILFRED DOUGLAS, 7, 37
HARMAND, GEORGES, 3, 5
HARTMANN, ÉDOUARD VON, 66
HÉBERT, MARCEL, 46, 58, 64, 164
HEGEL, GEORG WILHELM FRIEDRICH, 96, 110, 131
HÉMON, C.*, 129
HERR, LUCIEN, 20, 43, 44
HOURTICQ, ROBERT, 86, 126
HUBERT, HENRI, 112
JAMES, WILLIAM, 18, 112, 173, 179, 180, 181, 182, 183
JANET, PIERRE, 172
JUGLAR, CLÉMENT, 5, 39
KALAORA, BERNARD, 184, 189
KANT, EMMANUEL, 72, 90, 91, 96, 111, 131
KARADY, VICTOR, 7, 36, 37, 38, 186
KEUFER, AUGUSTE, 41
KOBAYASKI, KOICHIRO, 133
LACHELIER, JULES, 119, 161, 166, 177, 178
LALANDE, ANDRÉ, 46, 74, 129
LANUX DE COMBRET, PIERRE, 86
LANDRY, ADOLPHE, 40
LAPIE, PAUL, 107
LAUNAY, MARC DE, 45
LE BON, GUSTAVE, 24, 30, 74, 172, 188
LE DANTEC, FÉLIX, 46, 133
LENOIR, RAYMOND, 194

LÉON, XAVIER, 74, 129, 177
LE PLAY, PIERRE GUILLAUME FRÉDÉRIC, 13, 182
LEROY-BEAULIEU, PAUL, 33, 35
LEUBA, JAMES HENRY, 113
LEVASSEUR, ÉMILE, 2, 5, 9, 10, 33, 35, 39
LÉVI, SYLVAIN, 47, 95
LÉVY, ALBERT, 110
LÉVY-BRUHL, LUCIEN, 6, 18, 21, 28, 36, 44, 46, 74, 107, 171, 188
LEYRET, HENRY, 42
LIARD, LOUIS, 37, 155, 185
LITTRÉ, ÉMILE, 79,
LODGE, OLIVER JOSEPH, 88
LUKES, STEVEN, 34, 37, 110, 176, 189
LYON-CAEN, CHARLES, 1, 5, 9, 10, 33
MAHOMET, 81
MAISTRE, JOSEPH DE, 96
MANTOUX, PAUL, 40
MARIÉ, MICHEL, 189
MARTHA, JULES, 13, 14, 148
MARX, KARL, 96
MAURRAS, CHARLES, 42
MAUSS, MARCEL, 18, 20, 39, 40, 43, 44, 47, 112, 151, 152, 188
MAXWELL, JOSEPH, 46, 87, 88, 183
MERGY, JENNIFER, 41, 44, 151, 158
MESTRAL COMBREMENT, JULIE DE, 116
MEUNIER, RAYMOND, 77
MEYERSON, ÉMILE, 74, 129
MICHELS, ROBERTO, 41, 46, 100, 165
MILHAUD, EDGARD, 18, 19, 20, 22, 54
MILHAUD, GASTON, 178

Index des auteurs

MILL, JOHN STUART, 141, 181
MOÏSE, 81
MONOD, GABRIEL, 171
MONTAIGNE, MICHEL EYQUEM DE, 141
MURISIER, E., 44, 188
MUTEAU, ALFRED, 35
MÜLLER, BERTRAND, 43
NÉRET, JEAN ALEXIS, 170, 188
NEYMARCK, ALFRED, 39
NIETZSCHE, FRIEDRICH, 71, 110, 122, 123, 135, 179
NYE, ROBERT A., 188
OLDENBERG, HERMANN, 32, 47, 95
OWEN, ROBERT, 96, 97
PAOLETTI, GIOVANNI, 186
PARACELSE, PHILIPPE AUREOLUS THÉOPHRASTE BOMBAST DE HOHENHEIM DIT PARACELSE, 40, 92
PARKIN, ROBERT, 43
PARODI, DOMINIQUE, 18, 60, 74, 107, 129
PARSONS, TALCOTT, 175, 188
PASCAUD, HENRY, 143
PASSERON, JEAN-CLAUDE, 153, 185, 186
PASSY, FRÉDÉRIC, 35
PAULHAN, FRÉDÉRIC, 29, 47, 66, 67, 144, 145
PEIRCE, CHARLES SANDERS, 181
PELADAN, JOSEPH, 76, 144
PERREAU, CAMILLE, 41
PESTALOZZI, JOHANN HEINRICH, 71
PICOT, GEORGES, 35
PICQUENARD, CHARLES, 41
PIÉRON, HENRI, 74
POINCARÉ, HENRI, 69, 122, 123, 179, 181
POINCARÉ, LUCIEN, 10, 172

PRAT, LOUIS, 61, 160
PROCHASSON, CHRISTOPHE, 41, 74
PROUDHON, PIERRE JOSEPH, 96
RABANY, CHARLES, 3, 10
RABAUD, E.*, 74
RAY, JEAN, 82
RAWLS, ANN WARFIELD, 189
REGNAULT, FÉLIX, 79
RÉMOND, ANTOINE, 93
RENARD, GEORGES, 14, 40, 46, 47, 80
RENOUVIER, CHARLES, 61, 96, 97, 155, 160, 168, 185
REYNIER, JEAN, 18, 110
RIBOT, THÉODULE, 24, 47, 117, 118, 139, 156, 170, 171, 173, 181
RICHARD, GASTON, 27, 30, 46, 96, 97
RIGNANO, EUGENIO, 18, 19, 20, 22, 43, 44, 46, 54
RODIN, AUGUSTE, 135
RODRIGUES, GUSTAVE, 46, 72, 73
ROGUES DE FURSAC, JOSEPH, 117
ROUSTAN, DÉSIRÉ, 74, 129
RUYSBROECK [RUUSBROEC], JEAN, 64
RUYSSEN, THÉODORE, 129
SAINT-ARROMAN, RAOUL DE, 5, 10, 14, 45
SAVIGNY, FRIEDRICH KARL VON, 97
SAVOYE, ANTOINE, 36, 39, 184, 189
SAY, LÉON, 33
SAYOUS, ANDRÉ E., 41
SCHELLING, FRIEDRICH WILHELM JOSEPH VON, 131
SCHINZ, ALBERT, 69, 181, 182
SCHMOLLER, GUSTAV VON, 156

Index des auteurs

SCHOPENHAUER, ARTHUR, 53, 128, 135
SCHWEBER, LIBBY, 38
SECRÉTAN, CHARLES, 96
SELIGMAN, EDMOND, 15, 16, 41, 42
SIMIAND, FRANÇOIS, 18, 19, 20, 22, 23, 38, 40, 43, 44, 54, 107
SIMMEL, GEORG, 132, 135
SPENCER, HERBERT, 18, 44, 53, 71, 96, 97, 116, 128, 168, 183
SAINT-SIMON, HENRI DE, 97
STAMMLER, RUDOLPHE, 96
STEEG, JULES, 81, 167
STEIN, LUDWIG, 45, 46, 71
STEINBERG, SIGFRIED HENRY, 187
STIRNER, MAX, 110, 111
SZERER, MIECZYSLAW, 28, 102
TANNERY, JULES, 69, 182
TARDE, GABRIEL, 5, 9, 164, 182
TESNIÈRE, VALÉRIE, 45
TOPALOV, CHRISTIAN, 36, 38
TRANCHANT, CHARLES, 5, 6, 9, 14, 15
TOLSTOÏ, LÉON, 64
VANDERVELDE, ÉMILE, 16, 41
VARIGNY, H., 116
VASCHIDE, NICOLAS, 77
VINCI, LÉONARD DE, 76
VOIVENEL, PAUL, 93
WAGNER, ADOLPH, 156
WAHL, PAUL LUCIEN, 18, 29, 47, 82
WARD, LESTER FRANK, 18, 24, 27, 60, 162
WEBER, LOUIS, 129
WEIL, FERNAND, 60
WILBOIS, ADOPHE JACQUES JOSEPH, 18, 27, 47, 129
WINTER, MAXIMILIEN*, 129
WORMS, RENÉ, 7, 18, 24, 36, 38, 47, 182
WUNDT, WILHELM, 156, 183

LISTE DES CONTRIBUTEURS

Stéphane Baciocchi
Centre d'anthropologie religieuse européenne – École des Haute Études en Sciences Sociales / Université de Paris VIII

Marie-France Essyad
Fondation de la Maison des Sciences de l'Homme (Paris)

Jean-Louis Fabiani
Sociologie, histoire et anthropologie des dynamiques culturelles – École des Haute Études en Sciences Sociales / Centre National de la Recherche Scientifique (Marseille)

Jennifer Mergy
Chercheur associé à l'Université de Paris IX, octobre, 2001